33
60
59

59

60 → 64
70 → 72

119 → 122

126 → 129

163 → 169

LETTRES GALANTES

MOZART

LETTRES GALANTES

Édition établie et présentée
par Emmanuel Pierrat et Patrick de Sinety

Traduction de Geneviève Geffray

Flammarion

ISBN : 2-08-068788-3

AVANT-PROPOS

Wolfgang Amadeus Mozart ne fut pas seulement un compositeur de génie, mais aussi un grand épistolier. Sa très abondante correspondance éclaire d'un jour nouveau le compositeur et musicien parfois amoureux, parfois grivois que le film de Milos Forman avait commencé de révéler au grand public.

Mozart se révèle en véritable écrivain, conteur et styliste. Il est capable de superbes envolées comme de plaisanteries de plus ou moins bon goût… qui font souvent mouche.

Les fortes récurrences à la scatologie, les facéties et les jeux de mots apparaissent comme autant d'exutoires au jeune génie, très tôt soumis à la « dictature » paternelle qui exige de lui la démonstration publique de ses dons extraordinaires, puis, plus tard, aux affres de la création.

Certes, le dix-huitième siècle littéraire est celui du libertinage et des thèmes inattendus prennent forme livresque ; mais c'est le plus souvent dans un but politique, tels les pamphlets révolutionnaires, qui font en permanence référence aux parties intimes, à la flatulence, à la coprophagie, etc. Mozart, lui, semble plutôt se distraire et vouloir amuser son correspondant, de préférence quand il s'agit d'une correspondante.

Les thèmes abordés sont variés tout comme les interlocuteurs auxquels il s'adresse. Ils permettent de suivre sa destinée à travers ses amours et ses fantasmes. La vie sexuelle et sentimentale de Wolfgang semble se jouer par procuration au gré des voyages qui lui font quitter les siens, ainsi que ceux, et surtout celles, qu'il aime. Qu'importe d'ailleurs la véracité de ses propos, lorsqu'il trousse une anecdote pour le plaisir du bon mot ou de la scène piquante. Cette abondante correspondance est révélatrice des censures morales et religieuses de son temps, des mœurs des puissants de ce monde et de celles d'un très grand artiste, des jugements familiaux et des limites de la licence que le rédacteur passe son temps à taquiner.

Ces *Lettres galantes* sont le fruit d'un choix, parmi les milliers de lettres écrites par Mozart. La sélection se compose de lettres libertines, amoureuses, voire scatologiques, ainsi que d'autres missives, plus allusives, adressées par Wolfgang Amadeus à son père, prenant la forme de fantaisies lexicales ou syntaxiques.

Le lecteur y découvrira d'abord le jeune Mozart, écrivant d'Italie ses premières impressions sentimentales. Il suivra l'adulte immature dans ses frasques, qui donneront lieu à de belles envolées épistolaires d'un membre de la famille à un autre… Enfin, les lettres à Constanze le découvrent plus sincère, moins roublard, toujours espiègle, mais le cœur à nu cette fois.

Chaque lettre est précédée d'une courte digression pour situer l'âge de Mozart et l'état de sa carrière de compositeur, ses aventures amoureuses, l'état d'esprit, la saison et le lieu (Vienne, Bâle, etc.) où il prend la plume.

Ce recueil de *Lettres galantes* attendrit, distrait ou met le rose aux joues. Il donne une vision nouvelle de celui dont la musique a aussi rythmé ses amours et ses écrits

AVERTISSEMENT

Nous avons adopté l'usage moderne et choisi une orthographe unique pour un même nom, sans nous référer à celle, fluctuante, de l'original. Nous avons en revanche conservé l'orthographe originale des passages écrits dans une langue étrangère.

La datation des documents est unifiée, sans tenir compte de la graphie ni des abréviations de l'original. Lorsque la date manque en début de document, dans l'original, elle a été rétablie entre [ ].

Les ajouts de l'éditeur dans le courant d'un document sont indiqués en petites capitales : POST-SCRIPTUM DE..., etc.

La famille Mozart utilisait souvent un code secret assez simple pour tenter de braver la censure, usage répandu à Salzbourg à cette époque. Les passages décryptés sont indiqués entre < >.

Nous indiquons en italiques tout ce qui est souligné dans l'original.

Les mots ou passages suivis d'un astérisque sont en français dans l'original.

LETTRES ITALIENNES

Ces cinq premières lettres, écrites entre 1770 et 1774, c'est-à-dire entre la quinzième et la dix-neuvième année du compositeur, témoignent du goût naissant de Mozart pour un singulier libertinage épistolaire. C'est que la nature strictement familiale de cette correspondance ne lui permet pas de s'aventurer au-delà des commissions galantes ou des légères transgressions scatologiques qu'il adresse à sa sœur ; et qui s'adjoignent sous forme de post-scriptum aux lettres de son père, Leopold, à sa propre femme.

Cependant, ces apostilles révèlent déjà certaines prédispositions aux excentricités potaches et parfois salaces, du moins jusqu'aux limites que le cadre de ces lettres lui laissent le loisir de se risquer.

Quant aux missives dans lesquelles Leopold rapporte à son épouse les aléas, les succès ou les déceptions qui ponctuent les tournées qu'il mène avec son fils à travers l'Europe aristocratique, elles nous renseignent aussi sur la précoce virtuosité de Mozart, aiguillonnée par la discipline paternelle. Celle-ci se révèle exigeante mais aussi efficace puisqu'elle permet à Leopold de présenter à des publics raffinés et curieux les puissantes capacités musicales d'un enfant qui, lorsqu'il donne ses premiers concerts en 1762 dans les salons viennois de l'aristocratie impériale, n'a encore que six ans…

À quatorze ans, Mozart, accompagné de son père effectue son premier séjour en Italie. Ils y resteront un peu plus d'une année au cours de laquelle Mozart approfondit sa connaissance de l'opéra et du style vocal italiens, tout en donnant des concerts au clavier et au violon dans les cours des duchés de Toscane et de Milan, où a lieu le 26 décembre 1770 au Regio Ducal Teatro, la création de son opéra *Mitridate, re di Ponto*, ou encore à Rome, Naples, Venise, etc.

LEOPOLD MOZART À SA FEMME À SALZBOURG

Milan, le 17 février 1770

J'ai bien reçu ce jour ta lettre du 9 février. J'espère que la toux vous aura quittées, toi et Nannerl. Nous sommes, Dieu soit loué, tous deux en bonne santé. Je veux bien croire que l'hiver n'est pas aussi dangereux que l'été en Italie, mais nous espérons que Dieu nous protégera, et si l'on ne gâche pas sa santé par quelque dérèglement, en s'empiffrant et en s'enivrant, etc., et qu'on ne souffre pas de quelque faiblesse naturelle interne, il n'y a rien à craindre. Nous sommes partout dans la main de Dieu. Wolfgang ne mettra pas en danger sa santé en mangeant et en buvant, tu sais qu'il se contrôle bien lui-même, et je peux t'assurer que je ne l'ai jamais vu aussi précautionneux de sa santé que dans ce pays. Il laisse de côté tout ce qui ne lui semble pas bon et mange très peu certains jours; il est en bonne santé et bien en chair, gai et joyeux toute la journée. Je t'écris de chez le majordome de la maison du comte

Firmian, Sgr. Ferdinando, notre excellent ami, et le tailleur vient d'y venir avec les manteaux et *bajute* que nous avons dû nous faire faire. Je me suis regardé dans la glace alors que nous faisions les essais et ai pensé : *il ne manquait plus que de devoir faire ces folies sur mes vieux jours.* Cela va incomparablement bien à Wolfgang, et comme nous avons dû faire cette folle dépense, je me console à la pensée qu'on peut les utiliser pour autre chose, ne serait-ce que comme doublure, tablier, etc.

Demain, S. A. le duc et la princesse de Modène (future épouse de l'archiduc Ferdinand) viennent chez S. E. le comte v. Firmian, pour entendre Wolfgang; le soir, nous irons *en masque* * au gala de l'opéra, à la suite duquel un bal sera donné, puis le majordome et sa femme nous reconduiront à la maison en voiture. Vendredi prochain, il y aura une *accademia* pour tout le monde : nous verrons ce qui en sortira. Je ne peux donc rien t'écrire de notre situation avant que nous partions d'ici ou tout au moins avant que nous soyons sur le départ. Nous ne gagnerons pas grand-chose en Italie : le seul plaisir consiste à voir la très grande curiosité et la compréhension que l'on rencontre ici et à constater que les Italiens reconnaissent les capacités de Wolfgang. Pour le reste, il faut bien sûr se contenter de se faire payer en admiration et en bravos, mais je dois te dire que nous sommes en tous lieux reçus avec toute l'amabilité imaginable et nous sommes invités en toute occasion chez la noblesse. Il me faut maintenant répondre à tes questions. M. Martin Knoller, est ici à Milan. Si M. Deibl veut écrire, qu'il mette seulement : *in casa di S. Ex. C di Firmian.*

J'ai bien reçu la lettre de M. le Conseiller von Môlk, mais je dois demander à tous ces messieurs qui m'ont écrit de me pardonner. Il m'est impossible de leur répondre car tu sais bien comment il en va en voyage, surtout lorsqu'on est le maître, le valet, et tout.

Les 2 longues vues sont bien et ont été remises depuis longtemps – longtemps.

Qui a donc traduit ces journaux de Mantoue?

Wolfg. baise respct. les mains de S. Exc. la comtesse v. Arco et la remercie pour le baiser qu'elle lui a envoyé, qui lui a été beaucoup plus agréable que bien des jeunes baisers.

Mes compliments à tout Salzbourg. – Je suis ton vieux Mozart

Nous t'embrassons, toi et Nannerl.

POST-SCRIPTUM DE MOZART À SA SŒUR :

Me voici, moi aussi, je suis tout à toi; Mariandel, je suis heureux de tout mon cul que tu te sois si effroyablement --amusée; dis à Urscherl, la bonne d'enfant au cul froid, que je crois bien lui avoir rendu tous les lieder, mais que, de toute façon, si je les avais emportés avec moi en Italie, absorbé par mes hautes et importantes préoccupations, je ne manquerais pas de les insérer dans une lettre si je les retrouve; *addio* les enfants, portez-vous bien, je baise mille fois les mains de maman, et à toi, j'envoie cent baisers, petits et gros, sur ton merveilleux visage de cheval; *per far il fine*, je suis ton, etc.

POST-SCRIPTUM DE LEOPOLD MOZART À SA FILLE :

Nous n'avons pas emporté de cadences. Oui, oui, elles seront restées dans le concerto. Tu en trouveras la *partition* dans *mon armoire, en haut,* là où se trouvent les symphonies ; elles sont sous les copies des symphonies de Cannabich 10.

Chantes-tu bien parfois encore ? --

POST-SCRIPTUM DE MOZART :

J'embrasse ma sœur sur le visage et baise les mains de maman, je n'ai encore vu ni scorpions, ni araignées, on n'en parle pas. Maman reconnaîtra bien mon écriture, qu'elle me l'écrive vite, sinon je devrai signer de mon nom.

LEOPOLD MOZART À SA FEMME À SALZBOURG

Rome, le 2 mai 1770

J'espère que ton rhume est terminé depuis longtemps. La dernière nouvelle est que M. Meissner est arrivé de Naples à midi et repart dans 2 jours pour Florence avant de se rendre directement à Salzbourg où il sera donc bientôt. Il vous fait ses compliments. J'ai déjà écrit à S. Gr. Princière. Tu veux savoir si Wolfgang chante encore et joue du violon, etc., etc. Il joue du violon, mais pas en public. – Il chante, mais seulement lorsqu'on lui propose quelques paroles. – Il a un peu grandi

– quant à moi, je ne suis ni plus gras, ni plus maigre – et nous nous sommes habitués à la nourriture italienne. Nous partirons plus vite que je ne le pensais, car j'ai l'occasion de faire le voyage à Naples avec 4 augustins ; nous partirons donc le 8 mai. Sinon, je n'ai rien à t'écrire ; j'espère que Dieu vous garde en bonne santé, toi et Nannerl, et qu'il nous fera non seulement arriver en bonne forme à Naples, mais nous en laissera également repartir et rentrer sains et saufs à la maison. Je ne séjournerai guère plus de 5 semaines environ à Naples ; ensuite, j'irai à Bologne et Pise, en passant par Loreto, et resterai la saison des fortes chaleurs en un lieu où il fait plus frais et où le climat est plus sain.

M. Meissner me dit qu'il n'a reçu aucune lettre de Salzb. depuis février. Je connais maintenant la raison pour laquelle *Mad*[me]* Rosa n'a pas de mère. Mes compliments à tous les amis et amies, nous t'embrassons 10 000 fois, toi et Nannerl, et je suis le vieux

Mzt

POST-SCRIPTUM DE MOZART :

Je suis en bonne santé, Dieu soit loué, et baise la main de maman tout comme le visage de ma sœur, et le nez, la bouche, le cou, ma mauvaise plume, et le cul s'il est propre.

Wolgango Mozart Rome 1770

POST-SCRIPTUM DE LEOPOLD MOZART :

Aujourd'hui, M. Meissner et Wolfgang ont joué au Collège allemand.

POST-SCRIPTUM DE JOSEPH MEISSNER À MARIA ANNA (NANNERL) MOZART :

Tu sauras déjà que je ne suis pas amateur d'écritures, mais sache que je suis, Dieu soit loué, en bonne santé ; je t'écris de plus que je me recommande à ton amitié

Joseph Meissner

*À Mad * Marianna mon compliment * le plus respectueux.*

Lors d'un troisième séjour italien, plus court que le premier (du 24 octobre 1772 au 13 mars 1773), Mozart, toujours accompagné de son père, reste dans le nord de l'Italie et présente au Regio Ducal Teatro de Milan son opéra, Lucio Silla. *Vingt-quatre représentations y seront données entre le 26 décembre 1772 et le 16 janvier suivant. Ajoutons qu'avant d'entreprendre ce voyage, il a été nommé, le 9 août 1772, maître de concert de la chapelle de la cour de Salzbourg par le prince-archevêque, le comte Colloredo, et qu'il remplit les fonctions de premier violon dans l'orchestre des princes-archevêques. Le post-scriptum est rédigé en italien et « la dame » à laquelle il charge sa sœur de transmettre « un compliment », est probablement la jeune – elle est née en 1759 – Maria Anna Klara Daubrawa von Daubrawaick. Celle-ci épousera plus tard Joachim Ferdinand von Schiedenhofen, ami des Mozart et conseiller à la cour de Salzbourg.*

MOZART À SA MÈRE À SALZBOURG

Milan, le 7 novembre 1772

Ne vous effrayez pas de voir mon écriture et non celle de papa, en voici les raisons : *1mo* nous sommes chez M. d'Asti où se trouve également M. le baron Cristiani ; ils ont tant de choses à se dire que papa n'aura absolument pas le temps d'écrire. *2do* il est trop --- paresseux. Nous sommes bien arrivés le quatre à midi et sommes en bonne santé. Tous nos bons amis sont à la campagne ou à Mantoue, sauf M. d'Asti et son épouse qui m'ont demandé de vous faire leurs compliments à vous et à ma sœur. M. Misliweczek est encore ici. De la guerre d'Italie, dont on parle tant en Allemagne, et de la fortification des citadelles, rien n'est vrai. Pardonnez ma vilaine écriture. Lorsque vous nous adresserez des lettres, faites-le directement à notre attention, car la coutume n'est pas, comme en Allemagne, de distribuer le courrier. On doit aller le chercher à la poste et nous nous y rendrons chaque fois pour le retirer nous-mêmes. Il n'y a rien de neuf ici, nous attendons d'apprendre les nouvelles de Salzbourg. Nous espérons que vous avez reçu la lettre de Bozen. Je ne sais plus que dire et m'arrête ici. Nos compliments à tous nos bons amis et amies. Nous embrassons Maman 100 000 fois (je n'ai pas la place de mettre plus de zéros), je baise la main de maman et préfère serrer ma sœur dans mes bras *in persona* plutôt qu'en pensée.

POST-SCRIPTUM DE MOZART À SA SŒUR[1]

Carissima sorella

J'espère que tu auras été voir la dame < tu sais bien qui >. Je te prie, si < tu la vois >, de lui faire < un compliment de ma part >. J'espère que tu vas bien et n'en doute pas. J'ai oublié de te dire que nous avons retrouvé ici M. le danseur Belardo, dont nous avions fait la connaissance à La Haye et à Amsterdam. C'est lui qui avait attaqué à l'épée M. Nieri, le danseur, parce qu'il croyait qu'on lui refusait à cause de lui l'autorisation de danser au théâtre. Addio, ne m'oublie pas. Je suis toujours ton

frère fidèle Amadeo Wolfgango
Mozart

POST-SCRIPTUM DE LEOPOLD MOZART :

Nous avons fort gaiement souhaité la fête de Wolfgang à Ala, chez les 2 frères Pizzini, et nous sommes également arrêtés à Vérone ; c'est la raison pour laquelle nous sommes arrivés si tard à Milan. Il fait toujours beau et nous n'avons eu une forte pluie, au cours de notre voyage, que le lendemain de la Saint-Simon-et-Jude, dans l'après-midi ; c'est tout. Portez-vous bien, *addio!* Nos compliments à tous nos bons amis et amies.

Nous avons vu un *opera buffa* à Vérone et ici.

1. Ce post-scriptum a été écrit en italien.

Accompagné de son père, Mozart est à Munich pour quatre mois où il vient s'acquitter de la commande d'un opéra-bouffe émise par le comte Joseph Anton Saurau, intendant de la musique et du théâtre de la cour du prince électeur de Bavière. Il y fêtera dans quelques semaines son dix-neuvième anniversaire, en compagnie de sa sœur chérie qui se prépare à les rejoindre et dont, en attendant, il sollicite encore les qualités de messagère d'Eros, apparemment tenues en haute estime, la pressant de porter des galanteries à une bonne amie, peut-être cette Maria Anna Klara précédemment mentionnée.

Nannerl arrive à Munich le 4 janvier et assiste le 13 à la création de La Finta Giadiniera *(La Jardinière par amour), cet opéra-bouffe du librettiste Giuseppe Petrosellini dont Mozart avait commencé la composition à Salzbourg et objet principal de son séjour munichois.*

LEOPOLD MOZART À SA FEMME À SALZBOURG

Le soir de la fête des Saints-Innocents,
car la poste part demain midi
[Munich, le 28 décembre 1774]

Bonne nouvelle année!

Le jour où vous étiez chez S. E. le Cte Saurau a eu lieu la première répétition de l'opéra de Wolfgang, le matin à 10 heures. Elle a eu un tel succès que la première représentation a été repoussée au 5 janvier 1775 pour que les chanteurs puissent mieux étudier leurs rôles. S'ils ont bien en tête la musique, ils peuvent jouer avec plus d'assurance et l'opéra ne sera pas gâché. Si la première avait eu lieu le 29, cela aurait été une affaire bâclée. Bref! la composition plaît énormément et sera donc créée le 5 janvier. Tout dépend maintenant de la mise en scène théâtrale qui marchera bien, j'espère, car les acteurs sont bien disposés à notre égard. Vous avez donc saisi l'occasion de prévenir S. E. le Cte Saurau du voyage de Nannerl et j'en suis heureux. Je veux bien croire que tout le monde est très aimable, c'est leur politique; mais ils soupçonnent toutes sortes de choses. Nannerl ou toi devriez aller chez M. Hagenauer lui demander de me donner une *lettre de crédit* pour l'un de ses correspondants. Même si nous recevons un présent, il ne nous sera – comme souvent – remis que plus tard. Il est généralement impossible de l'attendre et il est parfois même envoyé par la suite. Je ne peux donc compter sur rien, tout marche ici très lentement et avec une certaine confusion. Fais-le-lui dire par M. Joseph et transmets-lui mes compliments. Dans une boîte métallique, j'ai du tabac espagnol. Que Nannerl en remplisse une petite boîte et me l'apporte, car je n'en aurai bientôt plus. Il y a une boîte ovale en tombac dans le tiroir de Wolfgang, elle fera l'affaire. Je recommande une fois encore à Nannerl une bonne fourrure et du foin pour les pieds.

Wolfgang a dû garder la chambre pendant 6 jours. Ses joues étaient enflées à l'intérieur et à l'extérieur, de même que l'œil droit; il n'a pu, 2 jours durant, manger que du bouillon. Il faut donc bien préserver le visage et les oreilles; dans une *chaise* * à demi ouverte, le froid coupe sans arrêt le visage puisqu'on est assis face au vent. Et si on n'a pas les pieds au chaud, il est impossible de se réchauffer de la journée. Elle montera sûrement en voiture chez M. Gschwendtner. Il convient donc d'y porter les bottes de fourrure la veille, de les accrocher au coin du feu pour qu'elles soient bien chaudes et de ne les mettre qu'au moment de partir. Que Nannerl prenne aussi sur elle de l'argent, en cas de besoin. Si je pense encore à quelque chose, je te l'écrirai dans la lettre que tu recevras le lundi précédant le départ. Je ne sais rien de plus. Portez-vous bien, nous vous embrassons toutes deux et je suis, avec mes compliments à tous, ton vieux Mozart.

POST-SCRIPTUM DE MOZART À SA SŒUR :

Ma sœur chérie.

Je te prie de ne pas oublier de tenir ta promesse avant ton départ et de faire la visite que tu sais. ---- Car j'ai mes raisons. Je te prie d'y présenter mes compliments -- mais de la manière la plus insistante --- et la plus tendre --- et -- oh – je ne dois pas me faire de soucis, je connais bien ma sœur, la tendresse lui est propre. Je sais qu'elle fera tout son possible pour m'être agréable, même par intérêt. --- C'est un peu méchant --- nous nous disputerons là-dessus à Munich. Adieu.

POST-SCRIPTUM DE LEOPOLD MOZART :

Il faut maintenant que Nannerl sache où elle devra se rendre. Il faut qu'elle note ce qui suit sur un morceau de papier, et le donne à M. Gschwendtner ou le garde sur elle : *Après avoir traversé le Val, être passé sous une arche et être arrivé sur une grande place, on reste sur la gauche, le long des arcades, et lorsqu'on a traversé le petit passage d'où l'on voit le marché aux bestiaux, c'est la 5ᵉ maison à partir du passage. La maison est blanche et porte en son milieu une petite peinture de Saint-François-Xavier, et en haut, au 4ᵉ étage, la statue de la Sainte-Vierge. Au troisième étage habite Mᵐᵉ von Durst. Nous y serons vers 2 heures 1/2.*

N.B. : c'est la *5ᵉ maison* après avoir passé la ruelle d'où l'on voit l'église St-Pierre sur le marché aux bestiaux. Elle se nomme *Maison Spatzenreuther sur la place.* Je pense que c'est expliqué assez clairement.

LEOPOLD MOZART À SA FEMME À SALZBOURG

Munich, le 30 décembre 1774

Lorsque tu liras ces lignes, Nannerl aura sans doute presque tout emballé ; je dois toutefois encore vous signaler quelque chose qu'elle devra apporter. Ce n'est pas grand-chose, mais il faut que cela reste bien à plat : il s'agit de 5 ou 6 de nos portraits gravés de Paris. M. von Pernat en veut absolument un, et l'un ou l'autre bon ami également. Tu les trouveras dans le tiroir où sont toutes les gravures sur cuivre, *N.B. : à droite,* je pense assez sur le dessus. Il importe qu'ils soient mis à plat et ne soient pas pliés. J'ai aussi oublié de dire à Nannerl d'apporter un costume de *masquera,* ne serait-ce qu'un *costume de Salzbourgeoise*. Je regrette de ne pas y avoir pensé plus tôt ; ici, elle ne pourrait guère trouver qu'un domino. Mais peut-être y avez-vous pensé. Aujourd'hui, nous avons rendu visite à S. E. l'Envoyé Impérial qui a été fort aimable et gracieux avec nous. Vous avez sûrement envoyé quelques *billets** de vœux pour la nouvelle année et n'aurez pas oublié S. E. le comte Saurau et la comtesse von Lodron. J'ai écrit à S. Gr. notre Prince et lui ai présenté mes vœux. Nannerl viendra juste à temps pour l'opéra; elle arrivera en effet mercredi après-midi et c'est jeudi qu'il sera représenté. Si M. von Môlk les accompagne, il pourrait également le voir, mais s'il arrive plus tard, il ne pourra plus l'entendre avant Pâques : on ne donnera en effet plus les opérettes au théâtre mais dans la salle de la Redoute, et uniquement des *Intermezzi.* En même temps, des centaines de personnages masqués se promènent, parlent, plaisantent et jouent à diverses tables de jeu. On ne donnera donc rien de très malin.

Tu sais sans doute que *Maestro* Tozzi, qui écrit cette année l'*opera seria,* a composé l'an dernier à cette époque l'*opera buffa*; il s'était efforcé jadis d'écrire extrêmement bien pour écraser l'*opera seria* composé, l'an dernier, par *Maestro* Sales, de sorte que l'œuvre de ce dernier fut complètement mise en pièces. Le hasard veut que cette année l'opéra de Wolfgang soit mis en scène avant celui de Tozzi, et tous ceux qui ont entendu la première répétition ont dit que Tozzi recevrait maintenant la monnaie de sa pièce et que l'opéra de Wolfgang anéantirait celui de Tozzi. Je n'aime pas ce genre d'histoires et essaie de faire taire ces discours. Je proteste à n'en plus finir, tant que je le peux, mais tout l'orchestre et les personnes qui ont assisté à la répétition disent qu'ils n'ont encore jamais entendu une musique aussi belle, où tous les airs sont réussis. On le sait déjà partout où nous allons. *Basta!* Dieu mettra tout en ordre. Adieu, je souhaite à Nannerl un bon voyage. Nous vous embrassons toutes les deux, faisons à tous nos compliments et je suis ton vieux

Mozart

POST-SCRIPTUM DE MOZART À SA SŒUR :

Je te prie de faire mes compliments à Roxelane, elle prendra ce soir le thé avec le sultan. Dis bien des choses à mademoiselle Mitzerl, qu'elle ne doute pas de mon amour, elle est toujours présente à mes yeux dans son ravissant *négligé**; j'ai vu ici nombre de jolies jeunes filles, mais je n'ai pas encore rencontré une pareille beauté.

Que ma sœur n'oublie pas d'apporter les *Variationes* d'Eckard sur le *Menuetto d'Exaudet*, et mes *Variationes* sur le menuet de Fischer. Je suis allé hier à la comédie voir *La Mode au ménage*; c'était assez bien joué. Mes compliments à tous mes bons amis et amies. J'espère que tu auras ---Adieu --Je te verrai bientôt à Munich et dois t'adresser un compliment de madame von Durst. Est-ce vrai que M. Hagenauer, de Vienne, a été nommé professeur de sculpture? M. v. Mölk l'a écrit au P. Wasenau qui m'a lu sa lettre. *Adieu**. Je baise les mains de maman, ça suffit pour aujourd'hui. Couvre-toi bien chaudement pour le voyage, je t'en prie, sinon tu risques de devoir rester 15 jours à la maison à transpirer près du poêle. Et qui te protégera? Je

refuse de m'échauffer, il commence à y avoir des éclairs.
Je suis toujours ton Munich

frère le 1774[e] 30 *anno décembre**.

Au contraire du précédent, daté de l'avant-veille, il ne faudra voir dans ce post-scriptum, toujours adressé à sa sœur, que requêtes farfelues et déclarations ironiques. Roxelane était l'épouse favorite du sultan Soliman II le Magnifique, qui en 1529 donna quelques frayeurs aux Viennois en lançant ses troupes contre leur ville. Ils s'en remirent après que le conquérant eut renoncé et fut rentré chez lui, où Roxelane le manœuvra si bien qu'elle parvint à imposer son fils à la succession du trône, devenant, la réputation de sa cruauté et de ses intrigues ayant traversé les siècles, le personnage récurrent de nombreux contes et pièces de théâtre du temps de Mozart.

LETTRES DE JEUNE HOMME

Le 23 septembre 1777, après avoir sollicité son congé auprès du prince-archevêque de Salzbourg et obtenu de celui-ci l'autorisation, « par l'Évangile, à chercher fortune ailleurs », Mozart et sa mère entreprennent un voyage qui, en un an et près de quatre mois, les conduit dans quelques-unes des plus importantes cités de Bavière, du Palatinat et de France. Ce voyage forme une étape importante dans la maturité du compositeur, où l'affranchissement de la tutelle paternelle, aussi attentionnée que parfois envahissante, et le passage par des expériences violemment contrastées, s'accompagnent d'une vigoureuse période de créativité.

À Paris, le 3 juillet 1778, il enterre sa mère subitement saisie de fièvre deux semaines plus tôt, et compose la même année certains de ses plus fameux concertos.

Il est à Mannheim un mois après son départ de Salzbourg où il tombe amoureux d'Aloisia Weber, chanteuse à la cour du prince électeur et sœur de Constanze, sa future épouse. Mais un an plus tard elle l'éconduit à Munich où il fait étape de retour de son long périple.

Dans une lettre qu'il adresse à son père le 15 décembre 1781 pour lui faire part de son mariage avec Constanze Weber, échaudé, il écrit de son amour défunt et désormais belle-sœur, qu'elle est « fausse, méchante, et [que] c'est une coquette ». Entre-temps, il a commencé la composition de la *Messe du Couronnement*, achevé celles de merveilleuses sonates, fait jouer la *Symphonie parisienne*, des récitatifs et des divertimentos, des messes, des rondos pour piano ou pour violon et orchestre, des airs pour ténor ou soprano.

Les lettres à la « petite cousine » (Bäsle), Maria Anna Thekla, fille de Franz Alois Mozart, relieur à Augsbourg et frère du père de Wolfgang éclatent comme des incongruités jubilatoires parmi ces hautes manifestations du génie.

Après Munich, Augsbourg constitue la seconde étape du voyage de Mozart et de sa mère. Ils y séjournent une quinzaine de jours au cours desquels la fréquentation de ces proches parents semble avoir occupé beaucoup de leur loisir.

Dans une lettre datée des 16 et 17 octobre 1777, Mozart écrit à son père :

« Je peux bien dire que si je n'avais pas ici de si braves oncle et tante, et une si gentille cousine, j'aurais autant de regrets d'être venu à Augsbourg que de cheveux sur la tête. Maintenant, je me dois d'écrire quelque chose au sujet de ma chère petite cousine. Mais je me réserve pour demain, car il faut que je sois tout à fait gai pour chanter ses louanges, comme elle le mérite. Le 17 au matin, j'écris et affirme que notre petite cousine est belle, raisonnable, gentille, habile et gaie ; et cela vient de ce qu'elle s'est mêlée au monde, elle a même été quelque temps à Munich. C'est vrai, nous allons bien ensemble, car elle est aussi un peu coquine. Nous nous moquons des gens, ensemble, c'est très amusant. »

Coquine, en effet que cette cousine, et les lettres que Mozart va lui écrire après son séjour augsbourgeois témoignent pour le moins d'une ardente complicité dans la douce carrière de la polissonnerie. Cette correspondance, presque entièrement composée dans la période du voyage de 1777-1779, attestant de la nature des liens que Mozart a entretenus avec sa cousine, a suscité un abondant corpus de commentaires, analyses, conjectures ou études souvent antagonistes. Mais si l'on s'en tient aux rares faits avérés, c'est-à-dire à ce que l'intéressé en écrit dans quelques lettres et qui, sans doute, ne constitue pas davantage de preuve incontestable, rien ne démontre que Mozart eut avec sa cousine, ni d'ailleurs avec quiconque avant son mariage, d'autre commerce que celui prescrit par les convenances de l'époque. Il en donne en tout cas l'assurance à son père, resté à Salzbourg, dans la lettre, déjà mentionnée, du 15 décembre 1781 :

« Je me marie ! – vous êtes effrayé de cette pensée ? – Je vous en prie, père chéri, excellent père, écoutez-moi ! – J'ai été contraint de vous découvrir mes souhaits, permettez-moi également de vous faire part de mes raisons, raisons tout à fait fondées. La nature parle en moi aussi fort que chez tout autre, et peut-être plus fort que chez bien des rustres grands et forts. Il m'est impossible de vivre comme la plupart des jeunes gens actuels. – D'abord, j'ai trop de religion, deuxièmement, j'aime trop mon prochain et suis trop honnête pour duper une jeune fille innocente, et troisièmement, j'ai trop de répugnance et de dégoût, de crainte et d'appréhension des maladies et trop d'attachement à ma santé pour m'amuser avec des putains. C'est d'ailleurs pourquoi je peux jurer n'avoir encore jamais eu de relations de cette sorte avec aucune femme. – Si ç'avait été le cas, je ne vous le cacherai pas, car faillir est toujours assez naturel à l'homme, et faillir une seule fois ne serait qu'une faiblesse – encore que je n'oserais promettre d'en rester à cette seule faiblesse si j'avais failli une fois sur ce point. – Mais je peux le jurer sur ma vie et sur ma mort. »

Plus scatologiques qu'érotiques ou pornographiques, et plus plaisamment farfelues dans leur syntaxe, leurs jeux de mots et les éventuelles aberrations s'y déployant, que proprement amoureuses, les lettres à Maria Anna Thekla Mozart paraissent faire office de défouloir. La transgression qui s'y exprime sans retenue, outre la liberté avec laquelle les hommes du XVIIIe siècle parlaient de certaines parties du corps et de leurs fonctions et que la pudibonderie bourgeoise du XIXe réprima, donne l'impression de pitreries adolescentes, de récréations libératrices et spontanées après les tensions intellectuelles.

La transgression jaillit littéralement d'une imagination en constante effervescence et ne laisse pas d'exprimer sa joyeuse fantaisie à travers tous les moyens dont elle dispose, ici par les bouffonneries scatologiques, ailleurs par la musique.

MOZART À MARIA ANNA THEKLA MOZART À AUGSBOURG

[Mannheim, le 5 novembre 1777]

Ma très chère petite couline lapine!

J'ai bien reçu votre si précieuse lettre et y ai constaté que M. mon oncle, Mme ma tante et vous-même êtes en bonne santé, nous sommes nous aussi bien portants grâce à Dieu. J'ai bien reçu aujourd'hui entre mes griffes la lettre de mon papa haha et espère que vous aurez également eu celle que je vous ai écrite de Mannheim. Tant mieux, mieux tant! Passons maintenant à quelque chose d'intelligent.

Je regrette que M. le Prélat ait eu une nouvelle attaque, mais j'espère qu'avec l'aide de Dieu cela n'aura pas de suite. Vous m'écrivez que vous tiendrez la promesse que vous m'avez faite avant mon départ d'Augsbourg, et ce, très bientôt; voilà qui me fera sûrement plaisir. Vous écrivez par ailleurs, vous exprimez même, vous découvrez, vous laissez entendre, vous me faites savoir, vous déclarez, vous m'indiquez, vous m'annoncez, vous me donnez la nouvelle, vous dévoilez clairement, vous demandez, vous convoitez, vous souhaitez, vous voulez, vous aimeriez, vous exigez que je vous envoie mon portrait. *Eh bien* *, je vous l'enverrai certainement. *Oui, par ma la foi**, je te chie sur le nez, et ça te coule sur le menton. *Appropós* *, avez-vous aussi le spuni cuni fait? --- Quoi? --- Est-ce que vous m'aimez toujours un peu? -- Je le crois! Tant mieux, mieux tant! Oui, c'est ainsi en ce monde, l'un possède la bourse et l'autre l'argent. Lequel préférez-vous? -- Moi, n'est-ce pas? -- Je le crois! Maintenant, c'est encore pire. *Appropós.* *

Ne voulez-vous pas retourner bientôt chez M. *Gold*-schmid?

Mais pour quoi faire? -- Quoi? -- Rien! -- Seulement pour y demander le spuni cuni fait, sinon rien d'autre. Rien d'autre? --- Bien, bien, parfait. Vivent tous les, les – les -- les --- Comment dit-on? -- Je vous souhaite maintenant une bonne nuit, pétez au lit que cela craque; dormez bien, étirez le cul jusqu'à la bouche, je m'en vais au lit dormir un peu. Demain, nous parlerons plus raisonnablement, j'ai quantité de choses à vous dire, l'imaginer vous ne pouvez, mais demain bien l'entendrez. Portez-vous bien entre-temps, ah! mon *cul* me brûle comme du feu! Que signifie donc cela? -- Peut-être une *crotte* veut-elle sortir? – Oui, oui, *crotte*, *je* te connais, je te vois, je te sens -- et -- qu'est-ce? -- Est-ce possible! -- Dieux! -- *Oreille*, ne me trompes-tu pas? -- Non, c'est bien ça -- quel son, long et triste! -- Aujourd'hui, le cinq, ceci j'écris. Hier, j'ai parlé à la sévère princesse électrice, et demain, le 6, je jouerai au cours de la grande académie de gala; puis j'irai encore jouer dans le cabinet privé, d'après ce que m'a dit l'él. princesse. Passons maintenant à quelque chose de très sensé!

1. Il vous viendra une ou plusieurs lettres pour moi, et je vous prie de -- quoi? -- Oui, un renard n'est pas un lièvre, oui. -- Où en suis-je resté? -- Oui, voilà, à : il viendra. -- Oui, oui, il viendra, -- oui, qui? -- Qui viendra. -- Ça y est, j'y suis. Des lettres. Il vous viendra des lettres -- mais quelles lettres? -- Mon Dieu, des lettres pour moi, que je vous prie de me faire suivre; Je vous dirai où je me rendrai après Mannheim. Et maintenant, *numéro 2.* Je vous demande, pourquoi pas? -- je vous prie, très chère fofolle, pourquoi pas? -- Lorsque vous écrirez à *Mad.** Tavernier à Munich, de faire un compliment de ma part aux 2 *Mad*[selles]* Freysinger, pourquoi pas? -- Curieux, pourquoi pas? -- Et à la plus jeune, Mlle Josepha, je demande bien pardon, pourquoi pas? -- Pourquoi ne lui demanderais-je pas pardon? -- Curieux! – Je ne saurais vraiment pas pourquoi pas? -- Je lui demande donc bien pardon de ne pas encore lui avoir envoyé la sonate que je lui ai promise; mais je la lui enverrai dès que possible. Pourquoi pas? -- Quoi. -- Pourquoi pas? -- Pourquoi ne l'enverrais-je pas? -- Pourquoi ne l'expédirais-je pas? -- Pourquoi pas? -- Curieux! je ne saurais vraiment pas pourquoi pas? -- Bon, vous me ferez bien ce plaisir. -- Pourquoi pas? -- Pourquoi ne me le feriez-vous pas? -- Pourquoi pas? -- Curieux! Je vous le fais bien, à vous, si vous voulez, pourquoi pas? -- Pourquoi ne vous le ferais-je pas? --

Curieux! Pourquoi pas? -- Je ne saurais vraiment pas pourquoi pas? -- Et n'oubliez pas non plus de faire de ma part un compliment au papa et à la maman des 2 dem., car c'est une grave erreur que d'avoir, être, devoir, laisser, oublié le père et la mère. Lorsque donc la sonate sera terminée, – je vous l'enverrai, et une lettre en plus; et vous aurez la bonté de la faire suivre à Munich. Maintenant, je dois m'arrêter et cela m'attriste. Mon oncle, allons vite à Ste-Croix et voyons si quelqu'un est encore debout? -- Nous ne nous y attarderons pas, nous ne ferons que sonner, rien de plus. Je dois maintenant vous raconter une histoire triste, qui vient de se passer. Alors que j'étais bien en train d'écrire cette lettre, j'ai entendu quelque chose dans la rue, J'arrête d'écrire, -- me lève, vais à la fenêtre -- et – n'entends plus rien. -- Je me rassieds, recommence à écrire, -- trace à peine 10 mots et entends à nouveau quelque chose. -- Je me relève -- au moment où je me lève, j'entends quelque chose de très faible -- mais je sens aussi légèrement le brûlé -- partout où je vais, ça pue. Si je regarde par la fenêtre, l'odeur se perd, si je regarde à nouveau à l'intérieur, l'odeur croît à nouveau. -- Finalement, maman me dit : je parie que tu en as laissé échapper un? -- Je ne crois pas, maman. Si, si, c'est sûrement cela. Je fais l'essai, me mets un doigt dans le derrière, puis le porte à mon nez, et -- *Ecce Probatum est,* maman avait raison. Portez-vous bien, je vous embrasse 10000 fois et suis comme toujours le vieux jeune Sauschwanz

Wolfgang Amadé Rosenkranz.

Des deux voyageurs que nous sommes, mille compliments à M. mon oncle et Mme ma tante

à tous mes bons amis aujourd'hui
mes, salutations. *Addio* farceuse diseuse
❤ 333 jusqu'au tombeau, si je sauve ma peau.

Miehnnam el 5 erbmevon 7771

MOZART À MARIA ANNA THEKLA MOZART À AUGSBOURG

[Mannheim, le 13 novembre 1777]

Maintenant, j'écris pour une fois une lettre intelligente ; tu peux quand même écrire une petite plaisanterie, mais dis que tu as reçu toutes les lettres, pour qu'elle ne se fasse plus de soucis et ne s'inquiète pas.

Ma très chère Nièce ! Cousine ! fille !
*Mère, Sœur, et Épouse** !

Tonnerre du ciel, mille sacristies, Croates de malheur, diables, sorcières, sorciers, bataillons de croisés à n'en plus finir, morbleu, éléments, air, eau, terre et feu, Europe, Asie, Afrique et Amérique, jésuites, augustins, bénédictins, capucins, minorites, franciscains, dominicains, chartreux et chevaliers de la Sainte-Croix, chanoines réguliers et irréguliers, et tous les fainéants, garnements, misérables, couillons et corniauds mélangés, ânes, buffles, bœufs, fous, idiots et polichinelles ! Quelles sont ces manières, 4 soldats et 3 baudriers ? -- Un tel paquet et pas de portrait ?

-- J'étais déjà fort curieux -- et y croyais à coup sûr, -- car vous m'avez vous-même écrit il y a peu que je le recevrais bientôt, très bientôt. Doutez-vous peut-être que je tienne aussi ma parole ? -- J'espère que non, que vous n'en doutez pas ! Je vous en prie, envoyez-le-moi, le plus tôt sera le mieux. J'espère qu'il sera comme je l'ai demandé, c'est-à-dire en costume français.

Comment Mannheim me plaît ? -- Autant qu'un lieu peut me plaire sans ma petite cousine. Excusez ma vilaine écriture, la plume est déjà vieille, et il y a déjà vraiment près de 22 ans que je chie par le même trou, qui n'est pas encore déchiré ! – et pourtant, j'ai si souvent chié -- et mordu la crotte de mes dents.

J'espère par ailleurs que vous aurez bien reçu mes lettres, comme de juste, soit une de Hohenaltheim et 2 de Mannheim, plus celle-ci ; c'est donc, comme de juste, la troisième de Mannheim, mais en tout, la 4e, comme de juste. Je dois maintenant m'arrêter, comme de juste, car je ne suis pas encore habillé, et nous allons tout de suite manger pour pouvoir à nouveau chier, comme de juste ; si vous m'aimez encore, comme je vous aime, nous ne cesserons de nous aimer, même si le lion plane dans les murs, si la dure victoire du doute n'a pas été sérieusement prise en considération, et si la tyrannie sanguinaire a été mise en déroute, tandis que Codru, le sage philosophe, mange plus souvent de la morve que de la bouillie d'avoine et que les Romains, soutiens de mon cul, sont toujours, ont toujours été et seront toujours -- pour du beurre.[1] Adieu, j'espère que

1. À partir d'ici, la lettre est écrite en français.

vous aurés deja pris quelque lection dans la langue française, et je ne doute point, que -- Écoutés que vous saurés bientôt mieux le français, que moi ; car il y a certainement deux ans, que je n'ai pas ecrit un môt dans cette langue, adieu cependant, je vous baise vos mains, votre visage, vos genoux et votre -- afin, tout ce que vous me permettés de baiser. je suis de tout mon cœur

votre

Mannheim le 13 Nomv. très affectioné Nevew et Cousin
1777. Wolfg. Amadé Mozart*

Les deux lettres suivantes, toutes vibrantes de l'imagination joyeusement dissolue de Mozart, appartiennent à la féconde période épistolaire des lettres à la cousine. Elles ont d'ailleurs la saveur gentiment canaille de ces dernières, quoiqu'elles se gardent bien d'excéder les bornes admises par la tolérance paternelle, et sont écrites à quelques jours d'intervalles, au cours des pérégrinations européennes de Mozart et de sa mère en 1777-1779.

ANNA MARIA MOZART À SON MARI À SALZBOURG

Mannheim, le 14 novembre 1777
Dommschleim.

Mon cher époux,

J'ai expédié une lettre hier seulement, et aujourd'hui, j'en recommence une autre. Tu as demandé dans ta lettre si Wolfgang est dans les faveurs de monsieur Raaff. Je peux te dire que c'est un honnête homme, mais il ne peut rien faire. Il a chanté dans l'opéra. On sent qu'il a été un bon chanteur, mais maintenant, il est usé, comme monsieur Meissner que je préfère encore entendre plutôt que monsieur Raaff. Sinon, c'est l'homme le plus probe du monde, je me suis entretenue avec lui à l'académie. Il m'a félicitée de l'habileté de mon fils et a été très étonné de sa science. Il en est de même de monsieur le maître de chapelle Holzbauer, qui tient mon fils en haute estime.

POST-SCRIPTUM DE MOZART :

Moi, Johannes Chrisostomus Amadeus Wolfgangus sigismundus Mozart, je m'accuse de n'être rentré qu'à minuit à la maison, hier et avant-hier (et souvent déjà), et d'avoir, de 10 heures jusqu'à ladite heure, chez Cannabich, en sa présence et *en Compagnie** dudit Cannabich, de son épouse, de sa fille, de M. *le Trésorier,* de *Ramm* et de *Lang*, souvent et -- sans remords, mais très légèrement, rimaillé.

De plus uniquement des cochonneries, avec crotte, chier et lécher le cul, en pensées, en paroles et -- mais pas en action. Je ne me serais pas conduit de façon si dévergondée si l'instigatrice – nommée Lisel (Elisabetha Cannabich) – ne m'y avait pas poussé et excité ; mais je dois avouer que j'y ai pris grand plaisir. Je reconnais du fond du cœur tous ces péchés et ces écarts, dans l'espoir de pouvoir les confesser assez souvent, et prends la ferme résolution d'amender toujours plus la vie dissolue que j'ai commencé à mener. C'est pourquoi je demande la sainte absolution, si elle peut s'obtenir facilement; sinon, cela m'est égal, car le jeu continuera. *Lusus enim suum habet ambitum*, dit le bienheureux chanteur Meissner, chap. 9, *pag.* 24. Puis également saint *Ascenditor*, patron de la soupe au café, de la limonade moisie, du lait d'amandes sans amandes et en particulier de la glace à la fraise remplie de glaçons, puisqu'il est un grand connaisseur et artiste en matière de choses glacées. Je ferai dès que possible copier sur un papier de petit format la sonate que j'ai écrite pour *Mad*selle* Cannabich, et l'enverrai à ma sœur. J'ai commencé à enseigner la sonate à *Mad*selle* Rose, il y a trois jours; aujourd'hui, nous avons terminé l'*Allegro*. C'est l'*Andante* qui nous donnera le plus de mal car il est plein d'*expression** et doit être joué exactement avec le *goût*, les *forte* et *piano* qui sont indiqués. Elle est très habile et apprend très facilement. Sa main droite est très bonne, mais malheureusement la gauche est tout à fait désordonnée. Je peux dire que j'ai souvent pitié d'elle lorsque je vois combien elle se donne de peine. Elle en est toute haletante, non pas par maladresse, mais parce qu'elle y est habituée, car on ne lui a pas montré autre chose. Je lui en ai parlé, ainsi qu'à sa mère, et ai dit que si j'étais désormais son maître officiel, j'enfermerais toute la musique qu'elle possède, recouvrirais le clavier d'un mouchoir et lui ferais faire des exercices de la main droite et de la main gauche, tout doucement au début, des passages, trilles, mordants *Ecetera,* jusqu'à ce que les mains soient tout à fait bien placées, et qu'ensuite j'étais sûr d'en faire une bonne pianiste. C'est dommage, elle a beaucoup de talent, déchiffre passablement, a une grande légèreté naturelle et joue avec beaucoup de sentiment. Sa mère et elle m'ont toutes deux donné raison. Venons-en maintenant à l'opéra, très brièvement. La musique de Holzbauer est très belle. Le texte n'est pas digne d'une telle musique. Ce qui m'étonne le plus, c'est qu'un homme aussi âgé que Holzbauer ait encore autant d'esprit; car il y a un feu incroyable dans sa musique. La *Prima donna* était *Mad.** Elisabetha Wendling, la femme non pas du flûtiste mais du violoniste. Elle est toujours souffrante, et l'opéra n'avait donc pas été écrit pour elle mais pour une certaine *Danzi*, qui est maintenant en Angleterre; ce n'était donc pas composé pour sa voix et était trop haut. Pendant les 4 airs et les quelque 450 mesures qu'il avait, M. Raaff a chanté de telle sorte qu'on a remarqué que sa voix est la cause principale de son si mauvais chant. Lorsqu'on l'entend commencer un air, si on ne pense pas tout de suite que Raaff est le vieux ténor qui a été jadis si célèbre, on doit à coup sûr avoir envie de rire. Une chose est certaine, j'y ai réfléchi : si je n'avais pas su que c'était Raaff, je me serais tordu de rire; mais là -- j'ai tiré mon mouchoir et ai souri. Il n'a, de sa vie, jamais été un bon acteur, à ce que l'on m'a dit ici. Il faut l'écouter sans le regarder. Il n'a pas non plus un bon rôle. Dans l'opéra, il doit mourir, en chantant, dans un air long et lent, et il meurt le sourire aux lèvres. Vers la fin de l'air, sa voix avait tellement descendu que c'était insupportable. J'étais assis à l'orchestre à côté du flûtiste Wendling, qui avait auparavant critiqué le manque de naturel qu'il y a à chanter au moment où l'on meurt, en disant : on attend ce moment avec impatience. Je lui dis : prenez patience, il est bientôt mort, je l'entends. Moi aussi, dit-il, et il se mit à rire. La 2e chanteuse, une certaine *Mads*elle* Strasser (mais pas une des demoiselles Strasser), chante très bien et est une très bonne actrice.

Il y a ici un Théâtre national allemand permanent, comme à Munich. On donne en ce moment des *Singspiele* allemands, mais les chanteurs et chanteuses sont misérables. Hier, j'ai dîné chez le baron et la baronne von Hacke, le grand veneur. Il y a 3 jours, je suis allé chez M. *Schmalz,* un commerçant à qui M. Herzog, ou plutôt Nocker et Schiedl, m'avait adressé. Je pensais trouver un brave homme bien poli. Je lui remis la lettre, il la lut, fit une petite torsion du corps et -- ne dit rien. Enfin (après m'être maintes fois excusé de ne pas être venu plus tôt lui présenter mes respects), je lui dis que je m'étais fait entendre chez le prince électeur. Ah ? – *altum silentium !* Je ne dis rien. Il ne dit rien. Finalement je repris : je ne veux pas vous retenir plus longtemps. J'ai l'honneur. -- Il me coupa la parole. Si je peux vous rendre service, je. -- Avant de partir, je prendrai la liberté de vous demander -- de *l'argent*? -- Oui, si vous voulez. -- *Ah, je ne peux pas, il n'est pas question d'argent dans la lettre. Je ne peux pas vous donner d'argent, mais sinon.* -- Mais sinon, vous ne pouvez me rendre *aucun* service, je ne sais ce que vous pourriez faire. J'ai l'honneur de vous saluer. Hier, j'ai écrit toute l'histoire à M. Herzog à Augsbourg. Nous devons maintenant attendre une réponse; papa peut donc écrire encore à Mannheim. Je vous prie de faire mes compliments à tous mes bons amis et amies, baise 100000 fois les mains de papa, embrasse ma sœur de tout mon cœur et suis le jeune frère et père

Wolfgang Gottlieb Mozart

comme papa a écrit dans sa lettre :
je suis le vieux mari et fils.

Aujourd'hui, le 16, on l'a terminée, la lettre. Sinon je ne sais pas quand on l'a postée, la lettre. L'as-tu finie ? – La lettre ? --- Oui, maman, je l'ai finie, la lettre.

« Dommschleim », qui signifie énigmatiquement « bave de la cathédrale », est écrit de la main de Mozart et n'a semble-t-il d'autre but que de rimer avec Mannheim.

Heinrich Dietrich Schmalz était banquier de son état et son nom signifie graisse, saindoux, ce qui invite évidemment aux jeux de mots. Les sibyllines allusions à ce « quelque chose de très bon, charmant et précieux », se rapportent sans doute aux relations que Mozart commence d'entretenir avec la famille Weber.

MOZART À SON PÈRE À SALZBOURG

Mannheim, le 22 novembre 1777
le soir, ou plutôt *Nocte temporis puncto* et exactement sur le coup de 10 heures.

Mon Trés cher⁄ Pére *!

j'ai bien failli employer le faemininum.

La première chose dont je vous informe est que la lettre très franche que j'ai adressée à M. Herzog à Augsbourg au sujet de *Schmalzii* a fait très bon effet. Il m'a répondu très poliment et fait part de son regret que M. Beurre m'ait reçu si sèchement. Il m'a récemment envoyé une lettre scellée pour ce M. Lait, avec un ordre de 150 fl. pour ce même M. Fromage. Il faut que vous sachiez que bien que je n'aie parlé qu'une fois à M. Herzog, je n'ai pu m'empêcher de le prier, dans cette lettre, de m'envoyer un ordre sur M. *Schmalz,* ou Beurre, Lait, Fromage, ou sur qui il voulait. *À ça* *, cette plaisanterie a porté ; on ne doit pas frapper à la porte et présenter ses condoléances ! Aujourd'hui, le 21 au matin, nous avons reçu votre lettre du 17. Je n'étais pas à la maison mais chez Cannabich, où *M.* * Wendling a répété un concert pour lequel j'ai fait l'instrumentation. Ce soir, à 6 heures, a eu lieu le concert de gala. J'ai eu le plaisir d'entendre M. Frânzl (qui a épousé la sœur de *Mad*[me] * Cannabich) jouer un concerto au violon. Il me plaît beaucoup. Vous savez que je ne suis pas grand amateur de difficultés. Il joue des choses difficiles, mais on ne remarque pas qu'elles le sont, on croit immédiatement pouvoir en faire autant. Et c'est bien la vérité. Il a un très beau son bien rond, il ne manque pas une note, on entend tout ce qu'il joue, tout est bien marqué. Il a un beau *staccato,* d'un seul trait, aussi bien en montant qu'en descendant ; et je n'ai jamais entendu le double trille comme il le joue. En un mot, il n'est pas, je crois, un sorcier mais un très solide violoniste. Si je pouvais seulement m'empêcher d'écrire en travers.

Je regrette de ne pas avoir été présent à Salzbourg lors du triste incident survenu à *Mad*^{me}* Adlgasser, pour pouvoir la consoler ; car cela, je sais le faire ! -- Surtout pour une si jolie femme que *Mad*^{me}* Nadlstrasser. Quant à ce que vous écrivez au sujet de < Mannheim >, je le sais déjà bien -- mais je ne veux rien dire avant l'heure ; tout s'arrangera. Peut-être pourrai-je vous annoncer dans ma prochaine lettre quelque chose de *très bon* pour vous, mais seulement *bon* pour moi, ou quelque chose de *très mauvais* à vos yeux, mais de passable aux miens, ou encore quelque chose de passable pour vous et de *très bon, charmant* et *précieux* pour moi ! Cela ressemble assez à un oracle, n'est-ce pas ? – C'est obscur mais compréhensible malgré tout.

Mes compliments à M. Bullinger. À chaque lettre de vous, j'ai honte car il y a généralement écrit quelque chose – et quand je pense que je ne lui ai encore jamais écrit, à lui qui est mon meilleur et plus sincère ami, qui a fait preuve de tant d'amabilité et de bonté à mon égard ! – Pourtant -- je ne m'excuse pas -- non ! Mais je le prie de bien vouloir m'excuser, lui, dans la mesure du possible, en lui donnant l'assurance que je lui écrirai bientôt, dès que je serai un peu tranquille. Jusqu'à maintenant, je ne l'ai jamais été. Dès que je sais que je devrai quitter un lieu, très certainement ou vraisemblablement, je n'ai plus une heure de répit ! Et bien que j'aie maintenant un peu d'espoir, je ne suis pas encore tranquille avant de savoir où j'en suis. Une des solutions de l'oracle doit se réaliser; -- je crois celle du milieu ou la dernière. -- Cela m'est d'ailleurs égal, car c'est la même chose, que ce soit moi qui mange la crotte ou papa qui la fasse. -- Eh bien, je ne peux pas m'exprimer ainsi ! J'ai voulu dire : c'est la même chose si papa fait la crotte ou si c'est moi qui la mange ! – Maintenant, j'abandonne; je vois bien que c'est en vain. *Appropòs* *, avez-vous déjà répondu à M. von Hamm, à Munich ? -- Accueillerez-vous *Mad*[selle]* sa fille ? -- J'espère vous avoir écrit que le grand opéra de Holzbauer est en allemand ! -- Sinon, je viens de vous le dire. Il a pour titre *Günther von Schwarzburg,* mais non pas le noble M. Günther, barbier et membre du Conseil de Salzbourg. Pour le prochain carnaval, on donnera *Rosemunde,* un nouveau poème de M. Wieland avec une musique nouvellement composée par M. Schweitzer. Tous deux viendront ici. J'ai déjà vu une partie de l'opéra et l'ai joué au piano, mais je ne veux encore rien en dire. La cible que vous avez fait peindre pour moi, puisque c'est moi qui l'offrais, est magnifique, et les vers sont incomparables. Il ne me reste maintenant rien d'autre à écrire sinon que je vous souhaite à tous un bon repos pour que vous dormiez tous fort bien jusqu'à ce que je vienne vous réveiller par cette lettre. *Adieu* *, je baise les mains de papa 100 000 000 de fois et embrasse ma sœur, ce cher Polester, de tout cœur, un peu, beaucoup, passionnément, à la folie, ou pas du tout, et suis votre fils très obéissant, mais ne prenez pas la fuite maintenant,

Wolfgang Amadé Mozart

chevalier de l'Éperon d'or et dès
que je me marie, des doubles
cornes, membre des grandes
académies de Vérone, Bologne,
*oui mon ami**!

POST-SCRIPTUM D'ANNA MARIA MOZART :

Mon cher époux, Aujourd'hui 23

Nous avons bien reçu toutes tes lettres et sommes, Dieu merci, en bonne santé. Je suis heureuse que vous alliez bien tous les deux; nous sommes toujours à Mannheim et tu peux encore envoyer ton courrier ici. Si nous devions partir, nous ferions le nécessaire pour continuer à le recevoir. Je suis bien triste pour le pauvre Martinelli; que va faire Lenerl, maintenant, l'héritage ne sera peut-être pas bien gros. Tu ne nous donnes pas beaucoup de nouvelles de Salzbourg; n'y a-t-il pas de comédiens, ne joue-t-on aucun opéra? Le docteur Barisani est-il toujours en disgrâce? Monsieur le Grand Écuyer fait-il encore la cour à Mlle Tonnerl? Je voudrais savoir tout cela. Nous faisons nos compliments tout particuliers à *Mademolle** Sallerl et *Monsieur** Bullinger, et leur faisons dire que nous pensons à eux chaque jour. Que Nannerl laisse tout tomber immédiatement et donne de ma part sur le museau de Pimperl un baiser si bruyant que je puisse l'entendre depuis Mannheim. Mes compliments aux Hagenauer, Robinig, à madame von Gerlichs, aux Barisani, à mademoiselle Mitzerl, Katherl Gilowsky, à qui nous présentons tous nos vœux pour sa prochaine fête. Nous saluons également Thresel.

Maintenant, je crois que j'ai fait mes compliments à tous, les ai salués et remerciés. Portez-vous bien et pensez à nous comme nous à vous, ainsi, nous serons tous satisfaits. *Adio,* je t'embrasse ainsi que Nannerl 100 000 000 000 de fois sans compter et demeure ta femme fidèle

corps et âme
Maria Anna Mozartin

MOZART À MARIA ANNA THEKLA MOZART À AUGSBOURG

[Mannheim, le 3 décembre 1777]

Ma très chère Cousine!*

Avant de vous écrire, il faut que j'aille aux cabinets. - - Voilà, c'est fait! Ah! - - - Je me sens de nouveau le cœur léger! – Je suis bien soulagé – je peux maintenant à nouveau festoyer! – Eh bien, eh bien, lorsqu'on s'est bien vidé, la vie semble nettement plus agréable. J'aurais bien reçu votre lettre du 25 nov. si vous n'aviez pas écrit que vous aviez eu mal à la tête, à la gorge et au bras, et comme vous ne ressentez actuellement, un jour, tout le temps, en ce moment, plus aucune douleur, j'ai bien reçu votre lettre du 26 nov. Oui, oui, ma bien chère mademoiselle ma cousine, ainsi va le monde; l'un a la bourse, l'autre a l'argent. Et à quoi vous en tenez-vous? - - A la [ ], n'est-ce pas? Hop sa sa, chaudronnier, embrasse-moi bonhomme, ne me presse pas, embrasse-moi bonhomme, ne me presse pas, lèche-moi le cul, chaudronnier. Oui, c'est vrai, bienheureux celui qui y croit, et celui qui n'y croit pas ira au ciel; mais tout droit, et non pas comme j'écris. Vous voyez que j'écris comme je le veux, bien et mal, droit et tordu. Récemment, j'étais de mauvaise humeur et écrivais bien, droit, sérieusement; aujourd'hui, je suis bien disposé et écris mal, de travers et joyeusement; tout dépend maintenant de ce que vous préférez, - - il faut que vous choisissiez entre ces deux solutions, car je ne connais pas le milieu : bien ou mal, droit ou de travers, sérieusement ou joyeusement; les 3 premiers ou les 3 derniers mots. J'attends votre verdict dans la prochaine lettre. J'ai pris ma décision : lorsque j'ai besoin, j'y vais, et selon les circonstances, si j'ai la colique, j'y cours; et si je ne peux plus me retenir, je chie dans ma culotte. Dieu te protège, mon pied, mes jarrets sont à la fenêtre. Je vous suis très obligé, chère mademoiselle ma cousine, du compliment de votre demoiselle Freysinger, que votre chère Mlle Juliana a eu la bonté de me transmettre. – Vous m'écrivez que j'en sais encore beaucoup, mais trop, c'est trop; dans une lettre, j'avoue que c'est trop, mais peu à peu, on pourrait écrire beaucoup. Comprenez-moi bien; il faut avoir encore un peu de patience au sujet de la sonate. Si elle avait été destinée à ma cousine, elle serait finie depuis longtemps - - et qui sait *si Mad*^{sele}* Freysinger y pense encore. - - Cela dit, je la composerai dès que possible, écrirai une lettre à ce sujet et demanderai à ma chère petite cousine de transmettre le tout, très exactement. *À propos,* depuis que je suis parti d'Augsbourg, je n'ai jamais retiré ma culotte sauf la nuit, avant d'aller au lit. Qu'allez-vous penser que je sois encore à Mannheim, en plein dedans ? Cela vient de ce que je ne suis encore parti nulle part ! Maintenant, je crois toutefois que je quitterai bientôt Mannheim. Mais Augsbourg peut toujours m'écrire de vous adresser la lettre à Mannheim, en attendant plus amples nouvelles. Monsieur mon oncle, Mme ma tante et Mlle ma cousine font leurs compliments à maman et à moi. Ils ont craint que nous ne soyons malades parce qu'ils n'ont pas reçu de lettre de nous. Avant-hier, ils ont enfin eu le bonheur de recevoir notre lettre du 26 nov., et aujourd'hui, 3 déc., vous avez le plaisir de me répondre. Je tiendrai donc ce que je vous ai promis ? Eh bien, vous en êtes heureuse. N'oubliez pas non plus de composer Munich à la sonate, car ce que l'on a tenu, il faut bien le promettre. Il faut toujours être une parole d'homme. – Bon, soyons sérieux maintenant.

Je dois vous raconter rapidement quelque chose : aujourd'hui, je n'ai pas déjeuné à la maison, mais chez un certain *Mons.* * Wendling. Il faut que vous sachiez maintenant qu'il mange toujours à 1 heure et demie, qu'il est marié et a également une fille, mais elle est toujours souffrante. Sa femme chantera dans le prochain opéra, et lui, il joue de la flûte. Eh bien, imaginez-vous que lorsqu'il fut 1 heure et demie, nous nous sommes mis à table, sauf la fille qui est restée au lit, et nous avons mangé.

Faites à tous nos bons amis et amies des compliments de nous deux, plein le cul. Pour vos parents, c'est écrit *Pag.* 3 ligne 12. Je ne sais plus rien de neuf, sinon qu'une vieille vache a fait une bouse toute neuve ;

là-dessus, *addieu* * Anna Maria Schlosserin née Schlüsselmacherin. Portez-vous bien et aimez-moi toujours ; écrivez-moi bientôt car il fait froid. Tenez votre promesse, sinon il faut que je vomisse. *Addieu, mon Dieu* *, je vous embrasse mille fois et suis, sans autre forme de procès

Mannheim	*Ma très chère Cousine* *
sans bave	N'étiez-vous pas à Berlin ?
le 3 déc.	Votre cousin très sincère,
aujourd'hui, ce n'est	Par beau et par mauvais temps
pas Quatre-temps	
1777 en pleine nuit	W. A. Mozart
maintenant et toujours	ch. chier, c'est dur.
Amen.	

ANNA MARIA MOZART À SON MARI À SALZBOURG

*À Monsieur / Monsieur Leopold Mozart / maître de la Chapelle de S : A : R : / L'archevêque de et à / Salzbourg**

Mannheim, le 20 décembre 1777

Mon cher époux,

J'ai reçu à l'instant ta lettre du 15 et constate avec plaisir que vous êtes tous deux en bonne santé, Dieu soit loué, il en est de même pour nous. Wolfgang n'est pas à la maison et ne lira ta lettre qu'à 11 heures ce soir, en rentrant. Je t'ai écrit dernièrement, le 18, que nous allions bien. Depuis 2 jours, je ne suis pas sortie car il fait un temps humide et froid. Demain, dimanche, nous déjeunons, Wolfgang et moi, chez notre propriétaire le conseiller aulique Serrarius ; c'est la raison pour laquelle j'écris aujourd'hui ; demain, il se pourrait que nous revenions trop tard, car le courrier part à 6 heures du soir. En réponse à ce que tu écris sur la confession, cela a été fait pour l'Immaculée Conception. Dans le courant de la semaine, nous assistons certes rarement à la messe : le jour se lève tard et nous ne pouvons pas être prêts si tôt, car la dernière messe est à 11 heures, mais très loin de chez nous. Le dimanche et les jours de fête, il y en a une près de chez nous, à la paroisse. Wolfgang va toutefois le dimanche à la grand-messe à l'église de la cour pour entendre la musique. Je n'ai rien de neuf à écrire, il ne s'est rien passé depuis 2 jours. À l'avenir, j'écrirai tous les 8 jours, cela vaudra ainsi plus la peine car chaque lettre coûte 12 kr., qu'elle soit petite ou grande. Nos jours de courrier sont si rapprochés, jeudi et dimanche, qu'il est plus simple de n'écrire qu'une fois. La barbe n'a pas encore été rasée, mais simplement coupée aux ciseaux. Cela ne sera toutefois bientôt plus possible et le barbier va devoir faire son ouvrage. Nous souhaitons à notre tour bien des choses à Sallerl ainsi qu'à notre excellent ami monsieur Bullinger.

POST-SCRIPTUM DE MOZART :

Je vous souhaite, très cher papa, une très heureuse nouvelle année, et que votre santé, qui m'est si chère, s'améliore chaque jour pour l'avantage et le bonheur de votre femme et de vos enfants, pour la joie de nos véritables amis, le dépit et le chagrin de vos ennemis ! -- Je vous prie de continuer à m'aimer, l'année à venir, aussi paternellement que vous l'avez fait jusqu'à ce jour ! Pour ma part, je m'efforcerai et m'appliquerai à mériter toujours l'amour d'un père si remarquable ; j'ai été tout à fait satisfait de votre dernière lettre, celle du 15, car j'ai appris que vous êtes, Dieu soit loué, en fort bonne santé. Nous allons bien également tous les deux, avec l'aide de Dieu. Il ne peut en être autrement pour moi, puisque je prends assez d'exercice. J'écris ceci à 11 heures du soir, car sinon, je n'ai pas le temps. Nous ne pouvons nous lever avant 8 heures puisqu'il ne fait jour dans notre chambre qu'à 8 heures et demie (car elle est au rez-de-chaussée). Ensuite, je m'habille rapidement. À 10 heures, je m'installe pour composer jusqu'à 12 heures ou 12 h 1/2, puis je vais chez Wendling, où j'écris encore un peu, jusqu'à 1 h 1/2. Ensuite, nous passons à table et il est bientôt 3 heures. Je dois alors aller au *Mainzer Hof* (auberge) chez un officier hollandais, à qui je donne des leçons de *gallanterie** et de basse continue, qui me rapportent 4 ducats pour 12 leçons, si je ne me trompe. À 4 heures, je rentre à la maison instruire la fille de la maison. Nous ne commençons jamais avant 4 heures 1/2 car nous attendons qu'on allume les chandelles. À 6 heures, je me rends chez Cannabich et donne une leçon à *Mad*[selle] * Rose ; j'y reste dîner, puis on parle -- ou on joue parfois. Alors, je préfère tirer un livre de ma poche et lire -- comme j'avais l'habitude de le faire à Salzbourg.

J'ai écrit que votre dernière lettre m'a fait très plaisir ; c'est vrai ! Mais un point m'a un peu chagriné -- vous demandez si je n'ai pas oublié de me confesser. -- Je n'ai rien à objecter à cette question. Mais permettez-moi une prière : ne pensez pas si mal de moi ! J'aime bien m'amuser, mais soyez assuré que je peux malgré tout être sérieux. Depuis que je suis parti de Salzbourg (et à Salzbourg même), j'ai rencontré des gens que j'aurais honte d'imiter en paroles ou en actions, bien qu'ils aient 10, 20 et 30 ans de plus que moi ! -- Je vous prie une fois encore, avec le plus grand respect, d'avoir une meilleure opinion de moi. Veuillez transmettre mes compliments à M. Bullinger, mon meilleur ami, ainsi que mes souhaits de très amicale nouvelle année. Mes compliments à tous mes bons amis et amies, *N.B.* : au P. *Dominicus.*

POST-SCRIPTUM DE MOZART À ROSALIA JOLY ET SA SŒUR :

Ma très Chère Sallerl, ma trésorette !
Ma très chère Nannerl, ma sœurette !

Je te remercie de tes vœux, mon ange :
En voici un, de Mozart, ce gredin, en échange.
Je te souhaite, si ces biens existent, joie et bonheur,
Et espère que tu m'aimeras comme Woferl t'adore.
Je peux dire que vraiment il t'admire,
Se jetterait bien au feu pour toi, si tu le désires.
Je pense devoir écrire comme d'habitude il cause,
Ai devant les yeux l'amour qu'il propose
À sa Joly Sallerl et à sa sœur Nannette.
Ah, venez vite mes chéries, entrons dans une dansette.
Vive tout le monde, et papa, et mama,

Et la sœur, et le frère, houissassa, houpsassa!
Et la *maîtresse** de Woferl, et Woferl lui-même.
Qu'aussi longtemps – aussi longtemps qu'il aime,
Qu'aussi longtemps qu'il pète et chie bravement,
Il reste, tout comme Sallerl et sa sœurette, aussi longtemps,
Un sacré coquin. – Hélas, il faut qu'à cocagne je me rende,
Il est déjà minuit, et là-bas où l'on dort je m'étende.

Wolfgang Amadè Mozart
Marie anna Mozart

Les dédicataires de ce poème, Nannerl et Sallerl, sont Maria Anna, la sœur de Wolfgang et Maria Anna Rosalia Walburga Joly. Cette dernière était une amie de longue date des Mozart et exerçait la fonction de femme de chambre dans la maison du comte Georg Anton Arco.

Le 23 janvier, Mozart quitte son séjour de Mannheim pour se rendre avec Fridolin Weber et sa fille, Aloisia, à Kirchheimbolanden, où se tient la cour de la princesse Caroline von Nassau-Weilburg. Ils y demeurent une semaine au cours de laquelle Mozart présente les symphonies et les airs qu'il a emportés, se faisant accompagner par la « belle voix pure » d'Aloisia. En rentrant, ils font étape à Worms chez le frère de madame Weber. Mozart y écrit à sa mère restée à Mannheim. Cette lettre-poème, à la si aimable et singulière facture, est l'une des seules du genre adressée à ses parents.

MOZART À SA MÈRE À MANNHEIM

[Worms, le 31 janvier 1778]

Madame mère!
J'aime bien le beurre.
Nous sommes, Dieu merci,
En bonne santé et pas malades.
Nous parcourons le monde
Mais n'avons guère d'argent.
Nous sommes toutefois fort gais,
Et personne n'est engorgé.
Je suis chez des gens
Qui ont la crotte au ventre,
Mais qui la laissent sortir
Tant avant qu'après bombance.
On pète toujours la nuit,
Bravement, et que cela craque.
Mais hier, le roi des pets
Dont les pets sentent le miel,
N'était guère en voix,
Et était lui-même en courroux.
Il y a déjà plus de 8 jours que nous sommes partis,
Et nous avons déjà chié bien souvent.
Monsieur Wendling sera bien fâché
Que je n'aie presque rien écrit.
Mais lorsque nous passerons le pont du Rhin,
Je rentrerai, c'est certain,
Et écrirai les 4 *Quarletti*, en plein,
Pour qu'il ne me traite pas de coquin.

Le concerto, me le réserve pour Paris,

Là, je le lui gribouille d'un coup.
À dire vrai, je préférerais
Voir le monde avec ces gens
Qu'avec cette société que j'ai sous les yeux;
Quand j'y pense, j'ai mal au ventre.
Mais cela doit être, nous devons nous retrouver. -
Le cul de Weber vaut plus que la tête de Ramm,
Et de ce cul, une broutille,
Vaut plus que tous les *Mons.** Wendling.
Nous n'offensons pas Dieu avec notre crotte,
Surtout pas si nous mordons dedans.
Nous sommes d'honnêtes gens qui vont bien ensemble.
Nous avons *summa summarum* 8 yeux,
Sans compter celui sur lequel nous sommes assis.
Je ne veux plus m'échauffer
Avec ma poésie; je vous dis maintenant
Que lundi, j'aurai l'honneur, sans trop de questions,
De vous embrasser et de vous baiser les mains.
Mais avant, j'aurai fait dans ma culotte.

*à dieu** Maman
Worms, le 1778 janvier
Anno 31

votre enfant fidèle
qui a la teigne
Trazom

MOZART À MARIA ANNA THEKLA MOZART À AUGSBOURG

[Mannheim, le 28 février 1778]

Mademoiselle

*ma trés chére Cousine**!

Vous allez peut-être croire, ou même penser, que je suis mort! -- que j'ai péri? – ou suis crevé? – Mais non! n'y pensez pas, je vous en prie; car croire ou chier sont deux choses différentes! – Comment pourrais-je si joliment écrire si j'étais mort? Comment cela serait-il donc possible? --- Je ne veux pas m'excuser pour mon si long silence car vous ne me croiriez nullement; et pourtant, ce qui est vrai est vrai! J'ai eu tant à faire que j'avais certes le temps de penser à ma petite cousine, mais pas celui de lui écrire et ai donc dû m'en abstenir.

J'ai maintenant l'honneur de vous demander comment vous allez et vous portez? – Si vous n'êtes pas constipée? – Ou si vous avez la teigne? -- Si vous m'aimez encore un petit peu? – Si vous écrivez souvent à la craie? – Si vous vous souvenez de moi de temps à autre? – Si par hasard vous avez été fâchée contre moi, pauvre fou? Si vous ne voulez pas faire la paix de bonne grâce, sinon, sur mon honneur, j'en laisse échapper un! Mais vous riez -- *victoria!* -- Que nos culs soient symboles de paix! – Je pensais bien que vous ne pourriez me résister longtemps. Oui, oui, je suis sûr de mon affaire et devrais aujourd'hui bien faire une crotte bien que j'aille à Paris dans 15 jours. Si donc vous voulez me répondre, de là-bas, dans la ville d'Augsbourg, écrivez-moi bientôt, pour que je reçoive la lettre; sinon, je serai déjà parti, et au lieu de lettre je n'aurai qu'une crotte. Crotte! -- Crotte! – Ô Crotte! – Ô mot charmant! – Crotte! – Mange! – Pas mal! – Crotte, mange! – Crotte – Lèche – Ô *charmante**! – Crotte, lèche! – Cela me plaît! – Crotte, mange et lèche! – Mange crotte et lèche crotte! -- Bon, passons à autre chose. Vous êtes-vous déjà bien divertie au cours du carnaval ? À Augsbourg, on doit actuellement s'amuser plus qu'ici. Je souhaiterais être près de vous pour pouvoir gambader avec vous. Ma maman et moi faisons nos compliments à M. votre père et madame votre mère ainsi qu'à la cousinette, et espérons que vous êtes en bonne santé et bien portants. Nous le sommes, Dieu soit loué. Je le crois. D'autant mieux, mieux d'autant. *Apropós** : où en êtes-vous en langue française – Puis-je écrire bientôt une lettre tout en français ? – De Paris, n'est-ce pas ? – Dites-moi, avez-vous encore le spunicunifait ? – Je le crois. Maintenant, avant de clore, car je dois bientôt terminer, parce que je suis pressé n'ayant justement vraiment rien à faire, et puis, parce que je n'ai plus de place, comme vous le voyez ; le papier tire à sa fin, et aussi, je suis fatigué, les doigts me brûlent à force d'écrire ; et finalement, même si j'avais assez de place, je ne saurais que vous écrire encore si ce n'est *l'historie** que j'ai l'intention de vous raconter. Écoutez donc. Il n'y a pas longtemps que cela s'est passé, ici, dans ce pays. Cela a d'ailleurs fait beaucoup de bruit, car cela semble impossible ; on ignore d'ailleurs – ceci entre nous – l'issue de l'affaire. Donc, en bref, il y avait, à environ 4 heures d'ici, je ne sais plus l'endroit, -- il y avait un village ou quelque chose de ce genre ; d'ailleurs, c'est la même chose, que cela se soit passé à Trippstrill, où la fange coule dans la mer, ou à Wurmannsquick, où les trous du cul sont de travers. En un mot, il était une fois un lieu. Il s'y trouvait un berger, ou un pastoureau, qui était déjà assez vieux mais semblait encore robuste et fort ; il n'était pas marié, avait du bien et jouissait de la vie. Ah oui ! avant de finir de raconter l'histoire, je dois tout d'abord vous dire qu'il avait une voix effrayante ; on avait toujours peur en l'entendant parler. Alors, pour en venir brièvement au sujet, il faut que vous sachiez qu'il avait un chien, qu'il nommait Bellot, un très beau grand chien, blanc avec des taches noires. Bien ! Un jour, il se promenait avec ses moutons, il en avait 11 mille. Il tenait à la main un bâton avec un joli ruban de couleur rose. Car il n'allait jamais sans bâton, c'était une sorte de coutume ; continuons. Alors qu'il marchait depuis une bonne heure, il se sentit fatigué et s'assit auprès d'un fleuve. Finalement, il s'endormit et rêva qu'il avait perdu ses moutons ; effrayé, il se réveilla mais vit, à sa grande joie, tous ses moutons. Enfin, il se leva et continua son chemin, mais pas longtemps ; car à peine une demi-heure s'était-elle écoulée qu'il arriva à un pont très long mais bien protégé sur les deux côtés, de sorte qu'on ne pouvait pas en tomber. Alors il regarda son troupeau et, comme il devait passer de l'autre côté, il commença à y pousser ses 11 mille moutons.

Ayez maintenant la bienveillance d'attendre que les 11 mille moutons soient de l'autre côté et je finirai de vous raconter l'*historie**. Je vous ai déjà dit plus haut qu'on n'en connaît pas l'issue. J'espère toutefois que d'ici ma prochaine lettre ils seront passés ; sinon, cela m'est égal, car pour ma part, ils auraient pu rester de ce côté-ci. Pour l'instant, cela doit vous suffire, je vous ai écrit tout ce que j'en sais. Et il vaut mieux que je m'arrête plutôt que de vous mentir. Vous n'auriez pas cru un mot de toute cette satanée histoire, alors qu'ainsi -- vous n'en croyez – que la moitié. Je dois maintenant clore bien que cela m'attriste, mais quand on commence, on doit aussi s'arrêter, sinon on dérange les gens. Mon *Compliment** à tous mes amis, et celui qui ne le croit pas devra me lécher infiniment, jusqu'à l'éternité, jusqu'à ce que je redevienne intelligent. Il lui faudra sûrement lécher longtemps, mais moi, j'ai bien peur, je crains, de ne pas avoir assez de crasse et qu'il n'ait pas assez à savourer. *Adieu**, cou-ousine. Je suis, j'étais, je serais, j'ai été, j'avais été, j'aurais été, oh si j'étais, oh que je sois, plût à Dieu que je fusse, je serais, je serai, si je pouvais être, oh que je fusse, j'eusse été, j'aurai été, oh si j'avais été, oh que j'eusse été, plût à Dieu que j'eusse été, qui ?, – un nigaud.

*Addieu ma chére Cousine**, où ? – Je suis vraiment votre véritable cousin.

Mannheim, le 28 *févr.* 1778 Wolfgang Amadé Mozart

Les sentiments que Mozart nourrissait à l'égard d'Aloisia Weber s'expriment ici avec une pudique retenue. Mais lorsqu'il les exposa plus directement quelques mois plus tard, ils restèrent sans écho.

MOZART À ALOISIA WEBER À MANNHEIM[1]

Paris, le 30 juillet 1778

Carissima Amica !

1. Cette lettre a été écrite en italien.

Je vous prie de me pardonner si je ne peux vous envoyer cette fois-ci les variations sur l'air que vous m'avez donné – mais j'ai estimé nécessaire de répondre le plus rapidement possible à la lettre de M. votre père, de sorte que je n'ai pas eu le temps de les écrire ; il m'a donc été impossible de vous les faire parvenir – mais vous les aurez sans faute par mon prochain courrier. J'espère maintenant que mes sonates seront bientôt imprimées – et à cette occasion, vous aurez également le *Popoli di Tessaglia* qui est déjà à moitié terminé. – Si vous en êtes satisfaite – autant que je le suis – je pourrai m'estimer heureux ; – d'ailleurs, je serai content d'apprendre de vous-même l'accueil qu'il aura trouvé, auprès de vous cela s'entend, car l'ayant fait uniquement pour vous – je ne désire d'autres louanges que les vôtres ; – pour ma part, je ne puis dire autre chose que ceci : parmi mes compositions de ce genre, je dois avouer que cette scène est la meilleure que j'aie composée de ma vie. –

Vous me ferez grand plaisir si vous voulez bien vous mettre avec grande application à l'étude de ma scène d'*Andromeda* (*Ah lo previdi !*), car je vous assure qu'elle vous siéra très bien – et vous fera grand honneur. – Je vous recommande avant tout l'expression – de bien réfléchir au sens et à la force des paroles – de vous mettre sérieusement dans l'état et la situation d'*Andromeda* ! – et d'imaginer que vous êtes vraiment ce personnage. Si vous persévérez sur ce chemin (avec votre voix ravissante avec votre technique de chant –) vous deviendrez à coup sûr rapidement excellente. – La majeure partie de la prochaine lettre que j'aurai l'honneur de vous écrire consistera en une brève explication de la méthode et de la manière dont j'aimerais que vous chantiez et interprétiez cette scène – mais néanmoins, je vous prie de l'étudier entre-temps par vous-même – il vous sera d'une grande utilité de constater alors la différence – encore que je sois tout à fait convaincu que vous n'aurez pas beaucoup à corriger ou à changer – et que vous ferez de vous-même bien des choses comme je le désire. – Je sais cela par expérience. – À l'air (*Non sò d'onde viene*) que vous avez appris toute seule – je n'ai rien trouvé à critiquer ou à corriger – vous me l'avez chanté avec goût, avec la méthode et l'expression que je désirais – c'est pourquoi j'ai raison d'avoir entièrement confiance en vos vertus et votre savoir. – Basta, vous êtes capable – et très capable – et je vous recommande seulement (je vous en prie chaleureusement) d'avoir la bonté de relire parfois mes lettres et de faire comme je vous l'ai conseillé – et d'être certaine, et persuadée qu'en tout ce que je vous dis, et vous ai dit, je n'ai et n'aurai jamais d'autre intention que de vous faire tout le bien possible. –

Carissima amica! – J'espère que vous êtes en parfaite santé – je vous prie d'en prendre toujours soin – car c'est la chose la plus précieuse qui soit au monde ; pour ma part, grâce à Dieu, je vais bien, pour ce qui est de ma santé, car j'en prends soin – mais je n'ai pas l'esprit tranquille – et je ne saurais l'avoir tant que je n'aurai pas la consolation d'être assuré qu'on a enfin rendu justice à votre mérite. – Mais l'état, et la situation la plus heureuse pour moi viendra le jour où j'aurai l'intense plaisir de vous revoir, et de vous embrasser de tout mon cœur – c'est aussi tout ce que je peux réclamer et désirer – et ce désir et ce vœu sont d'ailleurs mon unique consolation, et mon repos ; – je vous prie de m'écrire souvent – vous ne pouvez imaginer le plaisir que me procurent vos lettres. Je vous demande de me faire une petite description de vos leçons de théâtre – que je vous recommande chaudement. – Basta, vous savez que tout ce qui vous touche m'intéresse beaucoup. – À propos : il faut que je vous fasse mille compliments d'un monsieur – qui est le seul ami que j'estime ici, et que j'aime beaucoup parce qu'il est un grand ami de votre maison ; il a eu la chance et le bonheur de vous porter bien des fois dans ses bras et de vous embrasser des centaines de fois lorsque vous étiez encore toute petite – c'est M. Kymli, peintre de l'Électeur – je dois à M. Raaff d'avoir fait sa connaissance. Celui-ci est maintenant mon ami intime, ainsi que le sien – et celui de toute la famille Weber – puisque M. Raaff sait bien qu'il ne peut en être autrement. M. Kymli, que tous estiment, ne se lasse jamais de parler de vous, et moi – je ne peux m'arrêter – car je ne trouve d'autre plaisir que de converser avec lui ; – de son côté, lui qui est un véritable ami de votre maison sait bien par M. Raaff qu'il ne peut me procurer de plus grand bonheur que de parler de vous et n'y manque jamais. – *Addio*, entretemps, *carissima amica!* – J'ai infiniment hâte de recevoir une lettre de vous et vous prie de ne pas me faire trop attendre, ni languir. – En espérant recevoir bientôt de vos nouvelles, je vous baise les mains, vous embrasse de tout cœur, suis et serai toujours votre ami sincère

WA Mozart

Je vous prie d'embrasser en mon nom
Mme votre chère mère – et toutes
Mlles vos sœurs.

L'insistance avec laquelle Mozart enjoint sa cousine de le rejoindre à Munich, comme le mystérieux rôle qu'il veut lui faire jouer, ne sont sans doute pas étrangers aux projets de fiançailles qu'il caressait de nouer avec Aloisia Weber. Ses projets furent reçus avec froideur ; quant au rôle qu'il réservait à sa cousine, nul n'en sait la nature.

MOZART À MARIA ANNA THEKLA MOZART À AUGSBOURG

Kaisheim, le 23 *décembre* 1778*

Ma très cher Cousine!*

En toute hâte – rempli des plus profonds remords et de douleur, je vous écris avec l'intention très ferme de vous annoncer que je pars demain pour Munich ; – ma chère cousine, ne soyez pas lapine – je serais très volontiers allé à Augsbourg, je vous l'assure, mais M. le Prélat impérial ne m'a pas laissé partir, et je ne peux le haïr car ce serait contre les Commandements de Dieu et la Nature, et quiconque ne le croit pas est une p – n ; entre-temps, c'est ainsi, – je ferai peut-être un saut de Munich à Augsbourg, mais ce n'est pas si sûr ; – si vous avez autant de plaisir à me voir que moi à vous rencontrer, venez à Munich, dans cette noble ville – veillez à y être avant le Nouvel An, je vous contemplerai alors par-devant et par-derrière – vous conduirai partout, et si nécessaire, vous donnerai un clystère – mais je ne regrette qu'une chose, c'est de ne pouvoir vous *loger :* parce que je ne serai pas à l'auberge, mais habiterai chez – oui, où ? – je voudrais bien le savoir ; – maintenant, blague *à part* * – c'est justement la raison pour laquelle il est très important pour moi que vous veniez – vous aurez peut-être un grand rôle à jouer – donc venez sans faute, sinon c'est la merde ; je pourrai alors vous *complimenter* * en noble personne, vous fouetter le cul, vous baiser les mains, tirer du fusil postérieur, vous *embrasser**, vous donner des lavements par-devant et par-derrière, vous payer par le menu ce que je vous dois peut-être, laisser résonner un pet solide, et peut-être même laisser tomber quelque chose. Maintenant

Adieu * – *mon* ange, mon cœur,
je vous attends plein d'angoisse
écrivez-moi tout de suite à Munich *Poste restante* *
une petite lettre de 24 feuilles mais
n'y indiquez pas où vous *logerez* *

pour que je ne vous trouve pas, et que vous ne me trouviez pas ;

votre sincere Co *
W : A

P.S. le merdeux = dibitari, le curé de Rodempl
a léché le cul de sa bonne, pour servir d'exemple
Vivat – vivat –

MOZART À MARIA ANNA THEKLA MOZART À AUGSBOURG

De Salzbourg / a *Mademoiselle* / *Mademoiselle Marie* / *Anne de Mozart ph :* [ou *ps :*] / a / Augsbourg* / *En Souabe.* / *À remettre dans la* / *Rue des Jésuites* / Par Munic*

Très chère, excellente,
très belle, très aimable,
très séduisante
petite basse
ou
petit violoncelle
exaspérée par son
indigne cousin ! –

*Salsbourg** le 10 mai
1779
Souffle-moi dans le derrière
– : –
C'est bien
grand bien vous fasse.

Si moi, *Joannes Chrisostomus Sigismundus Amadeus Wolfgangus Mozartus,* je suis en mesure de calmer, d'adoucir ou de tempérer la colère qui rehausse votre charmante beauté *(visibilia et invisibilia)* d'au moins la hauteur d'un talon de pantoufle, c'est une question à laquelle je voudrais bien répondre. – Adoucir veut dire porter quelqu'un doucement dans une litière – je suis par nature très doux, et aime également la moutarde, surtout avec le bœuf – cela convient bien pour Leipzig. Bien que M. Feigelrapèe affirme, ou plutôt mette sa tête à couper que le pâté ne réussira pas – mais je ne peux vraiment pas le croire, – cela ne vaudrait vraiment pas la peine de se baisser pour cela. – Oui, si c'était un sac plein de kreutzer de Convention – on pourrait les ramasser, les soulever ou les prendre. – Donc, comme je le dis, je ne pourrais faire autrement, c'est le meilleur prix – je ne marchande pas parce que je ne suis pas une fille ; et là-dessus : Holla ! Oui, mon cher petit violoncelle ! Ainsi va le monde, l'un a la bourse, l'autre l'argent, et celui qui n'a ni l'un ni l'autre n'a rien, et rien est autant que très peu, et peu toujours plus que pas beaucoup, mais beaucoup toujours plus que peu, et c'est ainsi, cela fut ainsi et le sera toujours. Termine la lettre, cachète-la et expédie-la à son lieu de destination, *Feigele :*

Votre très obéissant et très humble serviteur
mon cul n'est pas un Wiener

De l'autre *latus* V.S.

P.-S. : La troupe de Boehm est-elle déjà partie ? – dites-le-moi, ma bonne, je vous en prie pour l'amour du ciel ! Ah ! - - - Elle sera sans doute à Ulm, n'est-ce pas ? Oh, donnez-m'en la certitude, je vous en conjure par tout ce qui est sacré – les dieux savent que je le pense bien sincèrement.
Le petit Michel de la Tour
vit-il encore ? –
Souffle-moi dans le trou.
Comment Vogt supporte-t-il sa femme ?
Se sont-ils déjà colletés ?
Que de questions.

Ode tendre ! –

Ta douce image, ô cousinette
Ne quitte pas mon regard

Voilé de larmes
De crainte -- que ce ne soit pas toi.
Je la vois lorsque le soir
M'enveloppe, lorsque la lune
M'éclaire, je la vois et – je pleure
De peur – que ce ne soit pas toi.
Par les fleurs de ce vallon
Que je veux lui cueillir,
Par les branches de myrte
Que je veux lui tresser,
Je te conjure, image,
Métamorphose-toi,   S. V.
Métamorphose-toi, image,   P.T.
Et deviens – Oh, ma cousinette elle-même!

Finis coronat opus, baron de la *queue de cochon*

Mes compliments et ceux de nous tous à M. l'auteur de vos jours et à Mme l'auteur de vos jours, – c'est-à-dire à celui qui s'est donné la peine de vous faire, et à celle qui s'est laissé faire. *Adieu* * – *adieu* * – mon ange. Mon père vous donne sa bénédiction avunculaire et ma sœur vous donne mille baisers cousinesques. Et votre cousin vous donne ce qu'il n'a pas le droit de vous donner.

Adieu – Adieu * – *mon* ange.

Par la prochaine *ordinaire**, je vous en écrirai plus, et quelque chose de très raisonnable, et de nécessaire. J'en reste ici jusqu'à *ordre* * contraire. *Adieu – Adieu* * – *mon* ange –

SUR L'ENVELOPPE :

Adieu – adieu * – *mon ange.*

MOZART À MARIA ANNA THEKLA MOZART À AUGSBOURG

Salzbourg, le 24 d'avril 1780 *

*Ma trés chére Cousine**!

Vous avez si joliment répondu à ma dernière lettre que je ne sais où aller chercher des mots pour vous exprimer assez mes remerciements et vous assurer ici, une fois de plus, que je suis

votre très obéissant serviteur et
sincère cousin
Wolfgang Amadé Mozart

J'aurais bien aimé vous écrire plus longuement, mais comme vous le voyez, la place

est
trop *Adieu adieu* *
petite

Maintenant, blague et sérieux ; vous me pardonnerez cette fois-ci de ne pas répondre à votre charmante lettre comme elle le mérite, mot pour mot, et m'autoriserez à n'écrire que le nécessaire ; j'essaierai bientôt de corriger mon manquement aussi bien que possible. –

Il y a déjà 15 jours que j'ai répondu à *M.* * *Boehm* – je voudrais seulement savoir si ma lettre ne s'est pas perdue, ce qui serait navrant – je sais bien sinon que *M.* * Boehm est chaque jour très occupé*. – Quoi qu'il en soit, je vous prie en tout cas, mon cher chat, de lui faire mille compliments – je n'attends qu'un signe et l'*aria* lui parvient, terminée. –

J'ai entendu dire que Murschhauser serait également malade ; est-ce vrai ? – ce ne serait pas bon pour *M.** Boehm. – Vous devez, sans doute, ma cousine, fréquenter quotidiennement le théâtre avec assiduité, malgré vents et tempêtes, puisque vous avez *entrée** libre ? – Je n'ai rien de neuf à écrire, sinon que Joseph Hagenauer est mort (nous avions bu du *chocolat,* vous, ma sœur et moi, dans le petit salon de son magasin). – C'est une grande perte pour son père – son frère Johannes (celui qui est marié), qui était passablement habitué à paresser car il pouvait se reposer totalement sur feu son frère. Il doit maintenant s'atteler à la tâche, ce qui lui semble un peu rude. – Donc, ma très chère, très bonne, très belle, très gentille et très aimable – écrivez vite ! – je vous prie de me raconter toutes les nouvelles de chez vous et hors de chez vous – et de dire le double en retour à tous les gens dont vous m'avez transmis les compliments. – *Adieu* * – la prochaine fois, tout un feuillet ; mais – avant, mon trésor, un livre tout entier de vous – *adieu* * – bien des choses de mon père Papa et de ma sœur Zizibe – à vos parents de nous 3, 2 garçons et une fille, 12345"678987'654321 compliments, et à tous nos bons amis, de moi tout seul 624, de mon père 1 000 et de ma sœur 150, ce qui fait ensemble 1774 et *summa summarum*

12345"678987'656095 *compliments**

06 28 65 88 59 Donna

LETTRES DE FAMILLE AU SUJET DES AFFAIRES DE CŒUR

L'essentiel de cette partie de la correspondance regroupe quelques-unes des lettres que Mozart et Leopold, son père, échangèrent au sujet des affaires de cœur du premier.

Leopold s'y montre un père aussi attentif des progrès de son fils que soucieux des périlleux prolongements dont ses choix et son caractère naturel contiennent éventuellement les germes. Cependant, les différends du père et du fils n'atteignent jamais de telles proportions que dans les histoires sentimentales de Mozart. Et si en la matière, les choix de Mozart soulèvent chez son père une prudente perplexité, ce sont d'abord leurs fâcheuses conséquences sur les projets qu'il forme pour lui qui déclenchent ses foudres. D'ailleurs, les conquêtes, ou en tout cas les élans du jeune Mozart, ne comptent que peu de noms, mais il s'enflamme avec une telle fougue et se trouve si complètement pénétré de leur pensée, qu'il lui est reproché d'en perdre tout jugement.

Leopold est instruit des relations bizarres que son fils a entretenues avec sa cousine, Maria Anna Thekla. Mais s'il ne s'en inquiète pas davantage, c'est plutôt parce qu'elles n'entraînent pas de bouleversement dans ses plans, que pour l'impossibilité naturelle à laquelle, de toute façon, elles sont vouées.

En revanche, sa rencontre avec Aloisia Weber lorsqu'il est âgé de vingt-deux ans est à l'origine des plus graves désaccords de Mozart avec son père. C'est la mère de Mozart, qui l'accompagne durant le voyage de 1777-1779, qui la première s'élève contre cette fréquentation aussi ardente que soudaine, puis dévoile l'affaire à son mari dans un post-scriptum rédigé en catimini. Mozart s'efforce avec passion de convaincre son père. Il y met une fièvre et une conviction touchantes auxquelles on lui objecte, non sans une indulgente patience, des raisons où se mêlent rappels à l'ordre et démonstrations de sagesse. Il se soumet finalement aux arguments paternels : et la rupture aura lieu plus tard, mais sur la même scène et pratiquement avec les mêmes personnages.

La rencontre avec Aloisia Weber a lieu lors du séjour que Mozart et sa mère effectuent à Mannheim entre octobre 1777 et mars 1778, et durant leur long périple de 1777-1779.

ANNA MARIA MOZART
À SON MARI À SALZBOURG

Mannheim, le 17 janvier 1778

Mon cher époux,

J'ai reçu aujourd'hui avec plaisir ta lettre datée du 12 et regrette que tant de gens soient malades. C'est la faute de la mauvaise saison, nous avons eu beaucoup de pluie et il fait actuellement plutôt chaud pour l'époque, c'est très malsain. On n'a ici aucune nouvelle, tout est très calme ; le bruit a toutefois couru que les < impériaux seraient entrés en Bavière, mais on n'en a aucune certitude. Je crois que si l'empereur envisageait de s'attaquer au prince électeur, ce dernier ne s'attarderait pas si longtemps à Munich et rentrerait > plutôt à < Mannheim >. Nous savons que le < baron Lehrbach a été nommé envoyé impérial > et nous le connaissons fort bien. < C'est un brave seigneur. Il est venu nous voir >, car nous avions pour lui une lettre du baron < Lehrbach > de Salzbourg. Wolfgang la lui a remise à notre auberge. Dieu veuille que le calme continue à régner. Mon retour à la maison ne sera guère amusant. S'il devait y avoir < des soldats partout >, Dieu m'en préserve, je mourrais de peur. En attendant, je garde espoir que l'issue soit proche.

POST-SCRIPTUM DE MOZART :

Mercredi prochain, je partirai pour quelques jours à Kirchheimbolanden chez la princesse d'*Orange*; on m'a dit ici tant de bien d'elle que je me suis décidé. Elle a affreusement tancé un officier hollandais de mes amis de ne pas m'avoir amené avec lui lorsqu'il est allé lui présenter ses vœux de nouvel an. Je recevrai au moins 8 louis d'or. En effet, comme elle est un remarquable amateur de chant, j'ai fait copier pour elle 4 airs. Je lui remettrai également une symphonie puisqu'elle a un charmant petit orchestre et donne tous les jours des concerts. La copie des airs ne me coûtera pas grand-chose non plus car elle a été faite par un certain M. Weber qui fera le déplacement avec moi. Je ne sais si je vous ai ou non écrit au sujet de sa fille --elle chante fort remarquablement et a une belle voix pure. Il ne lui manque que l'*action** pour pouvoir tenir le rôle de *Prima donna* à n'importe quel théâtre. Elle n'a que 16 ans, son père est un très honnête allemand qui élève bien ses enfants, et c'est la raison pour laquelle sa fille est persécutée ici. Il a 6 enfants, 5 filles et un fils. Il a dû se satisfaire (avec sa femme et ses enfants) d'un salaire de 200 fl. 14 années durant, et comme il a toujours bien rempli ses fonctions et a procuré au pr. él. une très habile chanteuse de 16 ans, il gagne maintenant – 400 fl. en tout et pour tout. Elle chante remarquablement l'air que j'ai écrit pour la De Amicis, avec les passages épouvantables ; elle le chantera à Kirchheimbolanden. Elle est en mesure d'apprendre toute seule et s'accompagne assez bien ; elle joue aussi passablement des *galanteries*. L'avantage pour elle à Mannheim vient de ce que les gens honnêtes et bien pensants l'aiment bien ; le pr. él. et la pr. l'apprécient aussi, pourvu qu'elle ne coûte rien. Grâce à sa bonne conduite, elle est autorisée à aller chaque jour chez la pr. él., si elle le désire.

Savez-vous ce que je voudrais ? – Que vous m'envoyiez petit à petit à l'occasion – *mais dès que possible* – les 2 sonates à 4 mains et les variations de Fischer ! -- J'en aurai besoin à Paris.

Je crois que nous partirons au plus tard le 15 *février* car ici il n'y a pas d'opéra. Passons à autre chose. Mercredi dernier, il y a eu une grande réception à la maison, et nous y avons été conviés ; il y avait 15 invités et *Mad*lle* de la maison devait jouer le soir le concerto que je lui ai enseigné. À 11 heures du matin, M. le Conseiller aulique vint me voir avec M. Vogler. Ce dernier tenait *absolument** à faire personnellement ma connaissance. Il m'est impossible de vous dire combien il m'a tourmenté pour que j'aille lui rendre visite. Finalement il a surmonté son orgueil et m'a rendu *visite** le premier. Tout le monde dit d'ailleurs qu'il a beaucoup changé parce qu'on ne l'admire plus autant qu'avant. Au début, les gens l'ont effectivement considéré comme une idole. Je suis donc monté avec lui, les invités arrivèrent petit à petit et on ne fit que bavarder. Après le déjeuner, il fit apporter 2 de ses pianos, accordés ensemble, et ses ennuyeuses sonates imprimées. Je dus les jouer et il m'accompagna à l'autre piano. À sa demande expresse, je dus faire chercher également mes sonates. *N.B.* : avant le repas, il avait massacré *Prima vista* – mon concerto (celui que joue *Mad*[selle]* de la maison, celui de Lützow). Il joua le premier mouvement *Prestissimo,* l'*Andante allegro,* et le *Rondeau** vraiment *prestississimo.* Il joua généralement la partie de basse tout autrement que ce qui était écrit et modifia parfois l'harmonie tout comme la mélodie. À cette vitesse, ce n'est d'ailleurs pas possible autrement. Les yeux ne peuvent pas lire et les mains ne suivent pas. Qu'est-ce que cela signifie ? – Déchiffrer ainsi ou chier, c'est tout un pour moi. Les auditeurs (je veux parler de ceux qui méritent ce nom) ne peuvent rien dire d'autre sinon qu'ils ont - - vu jouer de la *Musique** et du piano. Ils entendent, pensent – et ressentent aussi peu – que *lui.* Vous pouvez facilement imaginer combien c'était insupportable car je ne pouvais pas lui dire : *beaucoup trop vite.* Il est d'ailleurs bien plus facile de jouer rapidement plutôt que lentement. On peut laisser tomber quelques notes dans les passages sans que personne le remarque ; mais est-ce beau ? - - Lorsqu'on joue si vite, on peut changer certaines choses dans la main droite et la main gauche sans que personne ne le voie ni l'entende. Mais est-ce beau ? - - En quoi réside donc l'art du

Prima Vista? En ceci : jouer le morceau dans son *tempo* exact, comme il se doit. Toutes les notes, les ornements, etc., avec l'*expression** et le *goût* adéquats, comme c'est écrit, de sorte que celui qui le joue semble être celui qui l'a composé. Ses doigtés aussi sont *Miserable**, son pouce gauche est comme chez feu Adlgasser, et il a joué tous les traits descendants de la main droite avec le pouce et l'index uniquement. J'en raconterai plus une autre fois, car depuis lors, il m'a invité à un concert. Je suis donc dans ses bonnes grâces. *Addio,* je vous baise 100 000 fois les mains et embrasse ma sœur de tout cœur. Mes compliments à tous nos bons amis et amies, surtout à *M.** Bullinger et *Mad*[lle] * Sallerl.

Wolfgang Amadè Mozart.

Je vous en prie, écrivez-moi un bel Abc
avec les majuscules et les minuscules ; et
envoyez-le-moi.

MOZART À SON PÈRE À SALZBOURG

Mannheim, le 4 février 1778

Monsieur
*mon trés cher Pére**!

Il y a trop longtemps que je n'ai pas eu le plaisir de m'entretenir par écrit avec vous et je n'aurais jamais pu attendre le samedi habituel. Je veux tout d'abord vous écrire comment s'est passé mon voyage à

Kirchheimbolanden avec mes chers amis. Ce fut un voyage de *Vacans** et rien de plus. Le vendredi matin, nous sommes partis d'ici à 8 heures après que j'eus pris mon petit déjeuner chez M. Weber. Nous avions une *galante** voiture fermée à quatre places et sommes arrivés dès 4 heures à Kirchheimbolanden. Nous avons immédiatement envoyé au château un billet avec nos noms. Dès le lendemain matin, M. le maître de concerts Rothfischer vint nous voir ; on me l'avait décrit à Mannheim comme un homme profondément honnête et je le trouvai vraiment ainsi. Le soir, nous nous rendîmes à la cour, c'était le samedi ; *Mad*[selle]* Weber chanta *3 airs*. Je passe sur son chant -- en un mot remarquable ! – Je vous ai parlé de ses mérites dans ma dernière lettre, mais ne pourrai clore la présente sans vous parler encore plus d'elle, maintenant que j'ai appris à la connaître et constaté finalement tout son talent. Nous avons dû ensuite dîner à la table des officiers. Le lendemain, nous avons fait un assez long chemin pour nous rendre à l'église, car la catholique est très éloignée. C'était dimanche. À midi, nous avons encore pris notre repas à la même table. Le soir, il n'y avait pas de *Musique** car il n'y en a jamais ce jour-là. C'est pourquoi ils n'ont *que 300* concerts par an. Le soir, nous aurions pu dîner à la cour, mais nous ne l'avons pas voulu et avons préféré rester tout seuls à la maison. Nous aurions volontiers, *unanimiter*, renoncé aux repas de la cour, car nous n'étions jamais aussi heureux que lorsque nous étions seuls tous ensemble, mais nous avons dû penser économiquement – nous avons eu bien assez à payer comme cela.

Le lendemain, lundi, il y eut à nouveau *Musique* *, puis mardi ainsi que mercredi ; *Mad*selle * – Weber chanta 13 fois en tout et joua 2 fois du piano, car elle ne joue pas mal du tout. Ce qui m'étonne le plus, c'est qu'elle lise si bien la musique. Rendez-vous compte : elle a joué mes sonates difficiles, *Prima vista, lentement,* mais sans qu'il y manque une note. Sur mon honneur, je préfère l'entendre, elle, jouer mes sonates plutôt que Vogler. J'ai joué 12 fois en tout, et à leur demande, une fois à l'orgue de l'église luthérienne. J'ai présenté 4 symphonies à la princesse et n'ai reçu que < sept > louis d'or *N.B.* < en monnaie d'argent > et ma pauvre chère Weberin < cinq >. Je ne me le serais vraiment pas imaginé. Je ne me suis jamais fait illusion de gagner beaucoup, mais au moins < huit > pour chacun. *Basta,* nous n'y avons pas perdu, j'ai même eu un bénéfice de 42 fl. et le plaisir indescriptible de faire la connaissance de gens profondément honnêtes, bons catholiques et chrétiens. Je regrette seulement de ne pas les avoir connus plus tôt. Voici maintenant quelque chose d'important, au sujet de quoi je vous demande une réponse immédiate.

Maman et moi nous sommes entretenus du fait que la manière de vivre des Wendling ne nous plaît absolument pas.

Wendling est un brave et honnête homme, mais malheureusement sans aucune religion, ainsi que toute sa maisonnée. Il suffit de dire que sa fille a été la < *maitresse* * >. Ramm est un brave homme, mais un *libertin* *. Je me connais et sais que j'ai assez de sens religieux pour ne jamais faire quelque chose que je ne puisse avouer au monde entier ; mais la seule idée de voyager seul en compagnie de gens dont la manière de penser est si éloignée de la mienne (et de celle de tous les gens honnêtes) me fait peur. Par ailleurs, ils peuvent faire ce qu'ils veulent. Je n'ai pas le cœur de voyager avec eux, je n'aurais pas une seule heure de plaisir, je ne saurais que leur dire, car en un mot je n'ai guère confiance en eux. Des amis sans religion ne sont pas de longue durée.

Je leur ai déjà donné un petit *avant-goût* *. J'ai dit que pendant mon absence 3 lettres étaient arrivées et que je ne pouvais rien leur dire si ce n'est que je pourrais difficilement faire le voyage avec eux. Que je viendrais peut-être les rejoindre, mais que j'irais peut-être ailleurs et qu'ils ne devaient pas compter sur moi. Voici quelle est mon idée.

Je termine commodément la *Musique* * pour Dejean. Je reçois mes 200 fl. et peux rester ici aussi longtemps que je le veux. Je n'ai de frais ni pour le logis ni pour la nourriture. Entre-temps, monsieur Weber s'efforcera de se faire engager avec moi pour des *concerts* *. Nous voyagerions ainsi ensemble. Si je fais des voyages avec lui, c'est comme si je les faisais avec vous. C'est pourquoi je l'aime tant, car – hormis le physique – il vous ressemble et a tout à fait votre *Caractére* * et votre manière de penser. Si maman n'était pas si *paresseuse* pour écrire, elle vous dirait la même chose. Je dois avouer que j'ai aimé voyager avec eux, nous étions joyeux et gais ; j'entendais un homme parler comme vous, n'avais à me soucier de rien, je trouvais raccommodé ce qui était déchiré, en un mot, j'étais servi comme un prince.

J'apprécie tellement cette malheureuse famille que je ne souhaite rien tant que de pouvoir la rendre heureuse, et peut-être le puis-je. Mon conseil serait qu'elle aille en Italie. C'est pourquoi je voulais vous prier de bien vouloir écrire – le plus tôt sera le mieux – à notre bon ami Lugiati pour qu'il s'informe de ce qu'on donne, au maximum, à une *Prima donna* à Vérone. – Plutôt plus que moins, on peut toujours baisser -- peut-être pourrait-on obtenir également l'*Ascenza* à Venise. Je garantis sur ma vie que son chant me fera honneur. Elle a déjà bien profité avec moi, en si peu de temps ; combien ne profitera-t-elle pas d'ici là ? – Je n'ai pas peur non plus pour l'*action* *. Si cela se peut, *M.* * Weber, ses 2 filles et moi aurons l'honneur de rendre visite pendant 15 jours à mon cher papa et à ma sœur chérie, au passage. Ma sœur trouvera en *Mad*selle * Weber une amie et une camarade, car elle a ici, à cause de sa conduite, une bonne réputation, comme ma sœur à Salzbourg. Le père est comme le mien, et toute la famille comme les Mozart. Il y a bien sûr des envieux, comme chez nous, mais ils doivent – lorsqu'il le faut – dire la vérité. C'est la probité qui l'emporte. Je dois avouer que je serais très heureux de revenir à Salzbourg avec eux pour que vous puissiez l'entendre. Elle chante de façon *Superb* * les airs que j'ai écrits pour la De Amicis tant l'air de *bravoure* que *Parto, m'affretto* et *Dalla sponda tenebrosa.* Je vous en prie, faites ce qui est en votre pouvoir pour que nous allions en Italie. Vous connaissez ma plus grande ambition – écrire des opéras.

À Vérone, je suis prêt à écrire un opéra pour 50 sequins, uniquement pour qu'elle me fasse honneur ; car si ce n'est pas moi qui écris, je crains qu'elle ne soit sacrifiée. En attendant, je gagnerai grâce à d'autres voyages que nous ferons ensemble suffisamment d'argent pour que cela ne me fasse pas de mal. Je crois que nous irons en Suisse et peut-être en Hollande. Écrivez-moi bientôt à ce sujet. Si nous nous arrêtons longtemps quelque part, l'autre fille, qui est l'aînée, nous rendra grand service car nous pourrions avoir notre propre ménage puisqu'elle sait aussi faire la cuisine. À propos, ne vous étonnez pas que sur 77 fl. il ne m'en soit resté que 42. J'ai agi par pur bonheur que des gens honnêtes et ayant les mêmes idées se retrouvent ensemble : je n'ai pu m'empêcher de payer la moitié des frais. Mais ce ne sera pas le cas pour les autres voyages, je le leur ai déjà dit, je ne paierai que pour *moi*. Ensuite, nous sommes restés 5 jours à Worms. M. Weber y a un beau-frère, doyen de l'abbaye, et *N.B.* qui redoute la plume acérée de M. Weber. Nous nous y sommes bien amusés et avons pris tous nos repas de midi et du soir chez M. le Doyen. Je dois dire que ce voyage m'a permis de bien m'*exercer* au piano. M. le Doyen est un brave homme raisonnable. Il est temps maintenant que je m'arrête, si je voulais écrire tout ce que je pense, le papier n'y suffirait pas. Donnez-moi vite une réponse, je vous en prie ; n'oubliez pas mon désir d'écrire des opéras. J'envie quiconque en compose. J'aimerais pleurer de dépit lorsque j'entends ou vois un air. Mais italien, pas allemand ; sérieux et non pas *buffa*. Vous n'auriez pas dû m'envoyer la lettre de Heufeld, elle m'a fait plus de peine que de plaisir. Ce fou pense que je vais écrire un opéra comique, dans l'incertitude, à mes risques et périls ? Je crois que sa noblesse n'aurait pas souffert d'écrire M. votre fils et non pas votre fils. Mon Dieu, c'est un véritable vaurien viennois ; ou bien croit-il qu'on a toujours 12 ans ? J'ai maintenant écrit tout ce que j'ai sur le cœur. Ma mère est satisfaite de ma manière de voir : je ne peux absolument pas voyager avec des gens, avec un homme qui mène une vie dont le dernier des humains aurait honte. Et l'idée d'aider une pauvre famille sans se faire de tort à soi-même comble d'aise mon âme. Je vous baise 1 000 fois les mains et suis jusqu'à la mort votre

fils très obéissant

Mannheim, le *4 févr.* 1778 — Wolfgang Amadé Mozart.

Mes compliments à tous mes amis et amies, surtout à mon excellent ami M. Bullinger.

POST-SCRIPTUM D'ANNA MARIA MOZART :

le 5

Mon cher époux, tu constateras en lisant cette lettre que lorsque Wolfgang fait une nouvelle connaissance, il est tout de suite tout feu tout flamme pour ces gens. C'est vrai qu'elle chante incomparablement, mais il ne faut jamais perdre de vue son propre intérêt. La compagnie de < Wendling > et de < Ramm > ne m'a jamais plu, mais je ne devais pas faire d'objections et on ne me croyait pas. Toutefois, dès qu'il a fait la connaissance des

< Weber >, il a immédiatement changé d'avis. En d'autres termes, il préfère toujours être chez d'autres gens que chez moi, car je lui fais remarquer ce qui ne me plaît pas chez les uns et les autres, et il n'aime pas ça. Tu devras donc réfléchir par toi-même à ce qu'il doit faire. Le voyage à Paris avec Wendling ne me semble pas conseillable et je préférerais encore l'accompagner moi-même. Avec la diligence, cela ne coûterait pas beaucoup. Peut-être recevras-tu encore une réponse de M. von Grimm, et entre-temps nous ne perdons rien ici. Je t'écris cela dans le plus grand secret pendant qu'il est parti déjeuner et en toute hâte pour ne pas être surprise. *Adio,* je demeure ta femme fidèle Marianna Mozartin.

Il est ici fait allusion aux quelques jours passés à Kirchheimbolanden, à la cour de la princesse Caroline von Nassau-Weilburg, où Mozart se rend en compagnie d'Aloisia Weber et de son père pour y donner des concerts. Johann Baptist Wendling, qui plaît si peu à Anna Maria, était un flûtiste de l'orchestre de Mannheim avec lequel Mozart projeta un temps de se rendre à Paris. Il l'y retrouve d'ailleurs durant son séjour de 1778. Friedrich Melchior von Grimm, critique littéraire et artistique installé à Paris et proche des milieux des Lumières, fut d'abord un fervent admirateur des enfants Mozart, sur lesquels il fit paraître un article en 1763. Mais il se brouille avec Mozart lors de son voyage parisien.

Un exemple de la voix de la raison paternelle.

LEOPOLD MOZART À SON FILS À MANNHEIM

À Monsieur / Monsieur Wolfgang Amadé / Mozart *Maître de Musique / à / Manheim* *

Salzbourg, le 12 février 1778

Mon cher fils!

J'ai lu avec étonnement et frayeur ta lettre du 4. Je commence à y répondre aujourd'hui, le 11; j'ai passé la nuit sans pouvoir fermer l'œil et suis si épuisé que je peux à peine écrire lentement, mot après mot, et devrai la finir avant demain. J'étais toujours en bonne santé, Dieu soit loué; mais cette lettre – dans laquelle je ne reconnais mon fils qu'à son erreur de croire tout ce que disent les gens, d'ouvrir son bon cœur à toutes les flatteries et belles paroles, de se laisser manipuler de bon gré par toutes les chimères qu'on lui avance et de se laisser conduire, par des idées insensées et mal considérées, à sacrifier son propre renom et ses avantages, voire même celui de ses vieux et honnêtes parents –, cette lettre m'a d'autant plus abattu que j'avais le solide espoir que certaines expériences antérieures alliées à mes conseils, de vive voix et par écrit, t'avaient convaincu que pour faire son bonheur ou simplement pour survivre en ce monde et atteindre son but malgré tous les gens qui nous entourent, bons, méchants, heureux ou malheureux, on doit cacher son bon cœur sous une réserve extrême, ne rien entreprendre sans réfléchir profondément et ne jamais se laisser emporter par l'enthousiasme subit ou par des idées approximatives et aveugles. Je t'en prie, mon cher fils, lis cette lettre avec soin, prends le temps de la lire en réfléchissant. Grand Dieu, les moments de bonheur sont passés où, lorsque tu étais enfant et petit garçon, tu n'allais jamais te coucher sans me chanter, debout sur une chaise, *oragnia figatafa*, ni m'embrasser, très souvent, sur le bout du nez et me dire que lorsque je serai vieux, tu me mettrais sous un globe de verre fermé, pour me protéger de l'air et me garder toujours avec toi et me rendre honneur. – Écoute-moi donc patiemment ! Tu connais parfaitement ma triste situation à Salzb. – tu sais que je gagne mal ma vie, pourquoi j'ai tenu ma promesse en te laissant partir, et tous mes ennuis. Ton voyage tenait à 2 raisons : soit à chercher un bon et solide emploi, soit, si cela échouait, à te rendre dans une grande ville où l'on peut gagner beaucoup. Ces deux plans étaient destinés à soutenir tes parents et ta sœur chérie, et surtout à te faire honneur dans le monde, cela a commencé dans ton enfance et en partie dans ta jeunesse, mais maintenant il ne dépend que de toi de t'élever petit à petit à une célébrité suprême qu'aucun musicien n'a jamais connue. Tu le dois aux talents extraordinaires que tu as reçus du bon Dieu. Il ne dépend que de ta sagesse et de ta manière de vivre de finir comme un musicien ordinaire que tout le monde oubliera ou comme célèbre maître de chapelle sur lequel on continuera à écrire des livres ; – si tu veux mourir sur un sac de paille, prisonnier d'une femme et dans une pièce remplie d'enfants miséreux, ou plutôt heureux et honoré, après une vie chrétienne, ayant assuré le confort de ta famille et acquis le respect de tous. Ton voyage te conduisit à Munich dans le but que tu sais – il n'y eut rien à faire. Des amis bien-pensants souhaitaient te garder – tu souhaitais y rester : on se mit à envisager de fonder une Société, je n'ai pas besoin de te rappeler les détails. Sur le moment, l'idée te séduisit ; – pas moi – lis ce que je t'ai répondu. Tu tiens à ton honneur. -- Si cela s'était fait, crois-tu que tu te serais fait honneur de dépendre chaque mois de leur charité ? Tu étais alors étonnamment séduit par la petite chanteuse du théâtre et n'avais envie de servir que le théâtre allemand ; et tu m'écris maintenant que tu ne souhaites même pas composer un opéra comique. À peine avais-tu passé les portes de la ville que – comme je te l'avais prédit, ta société d'amis souscripteurs t'avait oublié. – Et que se serait-il passé à Munich ? -- On finit toujours par reconnaître la providence divine. À Augsbourg, tu as également eu une petite aventure, tu t'es bien amusé avec la fille de mon frère, qui a dû de son côté t'envoyer son portrait. Je vous ai écrit à la suite dans une de mes premières lettres adressées à Mannheim. À Wallerstein, tu as fait mille plaisanteries, saisi ton violon, dansé et joué, et l'on te décrivit aux personnes absentes comme un joyeux drille, ce qui fournit à M. Beecke l'occasion de rabaisser ta valeur ; mais maintenant, tes compositions et le jeu de ta sœur ont remis les choses en place, car elle répétait toujours : *je ne suis qu'une élève de mon frère.* Ils sont maintenant remplis de respect pour ton art et se sont exprimés très négativement sur les compositions de M. Beecke. À Mannheim, tu as très bien fait d'acquérir les grâces de M. < *Cannabich* >. Mais cela n'aurait servi à rien s'il n'en avait tiré un double avantage. Je t'ai écrit la suite. *Msse* * la fille de M. < *Cannabich* > fut alors couverte d'éloges, tu fis le portrait de son tempérament dans l'*Adagio* de la sonate, bref, elle était la favorite. Puis tu fis la connaissance de M. < *Wendling* >. Ce fut lui le meilleur ami, et je n'ai pas besoin de te rappeler ce qui se passa alors. Tout à coup, tu fais une nouvelle connaissance, celle de M. < Weber >, et tu oublies alors tout le reste; cette famille est désormais la plus honnête famille chrétienne, et la fille est le principal personnage de la tragédie qui se joue entre sa famille et la tienne. Et dans l'ivresse où te plonge ton bon cœur grand ouvert, tu considères que ce que tu t'es imaginé, sans trop y réfléchir, est raisonnable et réalisable, comme si cela allait de soi.

Tu envisages de l'emmener en Italie comme *Prima donna*. Dis-moi si tu connais une seule *Prima donna* qui ait foulé les planches d'un théâtre italien sans avoir souvent *récité* * en Allemagne? Combien d'opéras *Sgra Bernasconi* n'a-t-elle pas *récités* * à Vienne – des opéras extrêmement passionnés – sous la critique et les conseils sévères de Gluck et de Calzabigi? Combien d'opéras ne chanta pas *Mdle* * *Teyber* à Vienne, sous la direction de Hasse – et grâce aux leçons de la vieille chanteuse et célèbre *Actrice* *, *Sga Tesi*, que tu as vue chez le prince Hildburghausen et dont tu embrassas la négresse lorsque tu étais enfant? Combien de fois *Mdle* * *Schindler* n'a-t-elle pas récité sur un théâtre viennois, après avoir débuté à l'opéra privé sur les terres du baron Fries et après avoir reçu les leçons de Hasse, de la Tesi et de Metastasio? -- Est-ce que ces personnes auraient osé affronter le *Publico* italien? -- Et de quelles protections et recommandations puissantes n'ont-elles pas eu besoin pour parvenir à leur but ? – – Des princes et des comtes les recommandèrent, et de célèbres compositeurs et poètes ne garantirent-ils pas leurs talents ? Et tu veux maintenant que j'écrive à Lugiati ; tu serais prêt à écrire un opéra pour 50 ducats alors que tu sais pertinemment que les Véronais n'ont pas d'argent et ne commandent jamais de nouvel opéra ? Je dois penser à l'*Ascenza* alors que Michele Dall'Agata n'a même pas répondu à mes 2 dernières lettres ? Je veux bien que *Msle* * < Weber > chante comme une Gabrielli ; qu'elle ait une *voix puissante* pour le théâtre italien, etc., qu'elle ait l'allure d'une *prima Donna,* etc. – Mais il est ridicule que tu t'engages pour son *Aktion* *; il en faut plus, et les démarches puériles et purement amicales entreprises par le vieux Hasse pour *Miss* Davies lui fermèrent à jamais la porte des théâtres italiens, après qu'elle eut été sifflée le premier *soir* et eut dû abandonner son rôle à la De Amicis. Et non seulement les femmes, mais également les hommes de théâtre bien rodés tremblent avant leur première entrée sur une scène étrangère. Crois-tu que cela soit tout ? – – En aucun cas – *ci vuole il Posesso del Teatro,* surtout pour une femme, en ce qui concerne sa mise, sa coiffure, ses bijoux, etc. Mais tu le sais bien, si tu veux seulement y songer ; je sais que si tu y réfléchis, tu seras convaincu que ton idée partait certes d'une bonne intention, mais qu'elle a besoin *de temps* et de *longs préparatifs,* qu'il faut choisir une autre voie pour la réaliser avec une longue patience. Quel impresario ne rirait pas si on lui recommandait une jeune fille de 16 ou 17 ans qui n'a jamais joué sur aucune scène ? – – Ton idée (je peux à peine écrire quand j'y pense), l'idée de faire des tournées avec M. < Weber > et *N.B.* 2 filles a failli me rendre fou. Mon cher fils ! Comment peux-tu être séduit, serait-ce même une heure, par une idée aussi saugrenue qu'on t'a mise en tête ? Ta lettre n'est qu'un roman. - - Et pourrais-tu vraiment te décider à parcourir le monde avec des étrangers ? – À laisser tomber ta réputation, tes vieux parents et ta chère sœur ? – À m'exposer aux moqueries et à la risée du prince et *de toute la ville qui t'aime ?* – Oui, à t'attirer la moquerie et le mépris de tous alors que j'ai déjà dit à tout le monde, lorsqu'on me le demandait, que tu irais à Paris, et finalement, tu voudrais voyager au petit bonheur avec des étrangers ? Non, tu ne peux y songer si tu réfléchis un tant soit peu. – Mais pour être convaincu de ta précipitation, sache que le moment est venu où aucun homme raisonnable ne pourrait songer à cela. Les circonstances veulent qu'on ignore même si la guerre ne va pas éclater, où les régiments sont soit en marche soit en passe de s'y mettre. – En Suisse ? – En Hollande ? - - Il n'y a pas un chat en été ; et en hiver, à *Berne* ou à *Zurich,* on gagne juste assez pour ne pas mourir de faim ; sinon, il n'y a personne nulle part. Et en Hollande, on a maintenant autre chose en tête que la musique ; M. *Hummel* et les faux frais mangent d'ailleurs la moitié des gains. Qu'en serait-il alors de ta gloire ? C'est une affaire pour les petits esprits, pour les compositeurs ratés, pour les gribouilleurs, pour des *Schwindel, Zappa, Ricci, etc.* Cite-moi un seul grand compositeur qui s'honorerait d'avoir entrepris une démarche aussi lamentable ! - - *Va à Paris !* et bientôt. Prends place auprès des grands seigneurs, *aut Caesar aut nihil.* La seule idée de voir Paris aurait dû t'empêcher d'avoir des idées aussi futiles. *C'est de Paris que le renom et la gloire d'un homme de grand talent parviennent au monde entier, la noblesse y considère les gens de talent avec la plus grande déférence, estime et courtoisie, – on y découvre une manière de vivre qui contraste étonnamment avec la grossièreté de nos gentilshommes et dames allemands, et c'est là que tu te perfectionneras en français.* Pour ce qui est de la compagnie de < *Wendling* >, etc., tu n'en as pas besoin. Il y a longtemps que tu les connais ; maman ne l'a-t-elle pas constaté, étiez-vous aveugles tous les deux ? – Non, je sais ce qu'il en était : tu étais entiché d'eux et maman ne devait pas s'y opposer. Je suis mécontent que vous manquiez tous deux de confiance et de franchise en ne me rendant pas fidèlement compte de tout en détail ; vous avez agi ainsi au sujet du < prince électeur > et à la fin vous avez bien dû tout avouer. Vous vouliez m'éviter des soucis, et finalement vous me déversez à pleins seaux une foule d'ennuis sur la tête, qui me font presque mourir. Vous savez, et en avez eu 1 000 preuves, que le bon Dieu m'a donné une solide sagesse et que j'ai encore la tête sur les épaules, que j'ai souvent trouvé une issue favorable aux affaires les plus troubles et souvent deviné et prédit bien des choses : qu'est-ce qui a bien pu vous empêcher de me demander conseil et de suivre toujours mes idées ? Mon fils, tu dois me considérer plus comme ton meilleur ami que comme un père sévère. – Réfléchis si je ne t'ai pas toujours traité avec amitié et servi comme un domestique, si je ne t'ai pas toujours procuré toutes les distractions possibles et si je ne t'ai pas bien souvent aidé à jouir des plaisirs honorables et honnêtes, généralement à mon propre désavantage» -- Sans doute M. < *Wendling* > sera-t-il déjà parti! Bien que j'aie été à demi mourant, j'ai tout considéré et organisé quant à ton voyage à Paris. M. Arbauer, un célèbre commerçant d'Augsb. et de Francfort, est actuellement chez son correspondant allemand à Paris et y reste tout le Carême. Le 23, je lui écrirai et vous informerai en détail par le même courrier de ce que vous devrez faire, ce que le voyage coûtera approximativement, et vous adresserai une lettre ouverte à lui remettre à votre arrivée, puisque M. Arbauer (qui a assisté, je crois, à ton concert d'Augsb.) sera informé de votre venue. Cette cochonnerie m'a valu quelques nuits d'insomnies. Dès que vous recevrez cette lettre, je veux que vous m'écriviez *combien d'argent vous avez encore en main.* J'espère que tu peux vraiment compter sur les 200 fl. J'ai été étonné que tu écrives que tu voulais composer désormais bien commodément la musique pour *Mr.** Dejean. – Ne l'as-tu pas encore livrée, alors que tu pensais partir le 15 février? – Et tu es malgré tout allé te promener à Kirchheim – et tu as emmené *Mdsle** < *Weber* > afin de gagner moins puisque la princesse devait remercier 2 personnes; alors que tu aurais reçu le tout pour toi, mais ça ne fait rien. – Grand Dieu! Si M. < *Wendling* > te joue maintenant un tour et que *Mr.** Dejean < *ne tient pas sa parole* > puisque le contrat prévoyait que tu attendes pour partir avec eux! Donne-moi des nouvelles par le prochain courrier, afin que je sache où en sont les choses. Je vais te dire maintenant ce que tu peux faire pour *Msle** < *Weber* >. Dis-moi qui donne des leçons d'italien, – ne sont-ce pas des vieux *Maestri,* et surtout de *vieux ténors*? *Sgr.* Raaff a-t-il entendu chanter *Msse* * < *Weber* >? Demande-lui de l'écouter chanter tes airs; *donne-lui comme explication que tu voudrais qu'il entende quelques airs de ta composition.* Tu pourrais ainsi agir au mieux pour elle et lui parler ensuite en privé. Il a beau chanter comme il veut, il connaît son métier et si elle peut entrer dans ses faveurs, tous les impresarii en Italie qui le connaissent comme un grand chanteur lui seront acquis. Elle pourrait trouver entre-temps l'occasion de jouer au théâtre de Mannheim; même si c'est gratuitement, c'est pour son bien. Tu as hérité de ton père de prendre plaisir à soulager les opprimés; mais tu dois avant tout penser de toute ton âme au bien de tes parents, sinon ton âme ira au diable.

Pense à moi, lorsque tu m'as vu, *si misérable près de la voiture* au moment de votre départ, après que j'eus fait les bagages jusqu'à 2 heures du matin, alors que j'étais malade et étais dès 6 heures près de la voiture pour tout organiser pour toi – et cause-moi des soucis si tu en as la cruauté! Gagne à Paris célébrité et *argent, et si tu as de l'argent* tu pourras alors aller en Italie et y obtenir d'écrire un opéra. Cela n'ira guère en écrivant des lettres aux impresarii, bien que je l'essaye toujours; tu pourras alors proposer *Msle* * < *Weber* >. On obtient plus de vive voix! Écrivez-moi sans faute au prochain courrier. Nous vous embrassons tous deux des millions de fois et je suis ton vieux et honnête père et mari

Mzt

M. Bullinger vous fait ses compliments.
Nannerl a pleuré à chaudes larmes ces 2 derniers jours.

SUR L'ENVELOPPE :

Nous sommes ici dans le plus grand trouble, tous les membres du chapitre se sont réunis en conférence à la cour lundi dernier, ont dit certaines choses au nez et à la barbe du prince, et il y eut un vacarme effrayant, de sorte que ce dernier ne tient plus table ouverte en ce moment. C'est un moindre mal. Vienne a fait savoir au prince et au chapitre de Passau qu'après sa mort tous les domaines seraient réunis à l'Autriche et qu'on établirait un évêque à Linz. On commencera alors tout de suite à mieux fortifier le château *Oberhaus* et à consolider les fortifications de Passau. Ici, l'arch. a bien des soucis : des régiments d'Italie sont en marche pour venir ici, on craint que certains d'entre eux n'y restent. On n'espère pas de rentrée d'argent par le sel ; où prendront-ils nos salaires ? Peut-être nous reverrons-nous plus tôt que nous ne le pensons, tout n'est que confusion ! Nous irions alors ensemble en Italie. *Addio.*

Maman ira à Paris avec Wolf. pour vous installer convenablement.

MOZART À SON PÈRE À SALZBOURG

Mannheim, le 19 février 1778

Monsieur
mon trés cher Pére *!

J'espère que vous avez reçu mes deux dernières lettres ; dans la dernière, je me suis inquiété du retour de ma mère à la maison, mais d'après votre lettre du 12 je constate que c'était inutile. Je ne me suis jamais imaginé autre chose que votre réprobation au sujet du voyage avec < les Weber >, car – dans *notre situation actuelle,* cela s'entend – je n'ai pas un instant pensé l'entreprendre ; mais j'avais donné ma parole d'honneur que je vous écrirais. M. Weber ne connaît pas l'état de nos finances, je n'en parle bien sûr à personne. Comme j'ai souhaité être dans la situation de ne devoir penser à personne et espéré que nous soyons bien établis, j'ai oublié – dans mon enthousiasme – que cette entreprise était actuellement impossible et omis également de vous dire ce que j'ai fait. Vous aurez bien compris par mes deux dernières lettres les raisons pour lesquelles je ne suis pas parti pour Paris. Si ma mère n'avait pas commencé elle-même à en parler, je me serais certainement mis en route avec eux ; mais lorsque je compris qu'elle voyait la chose d'un mauvais œil, j'ai pris la même attitude, car si on ne me fait plus confiance, je perds moi-même confiance en moi. Bien sûr, le temps est passé où je vous chantais *oragna fiagata fà,* debout sur le fauteuil, et vous embrassais ensuite le bout du nez, mais mon respect, mon amour et l'obéissance que je vous dois en ont-ils diminué pour autant ? -- Je n'en dis pas plus. Pour ce que vous me reprochez au sujet de la petite chanteuse de Munich, je dois avouer que j'ai été un âne de vous écrire un mensonge si grossier. Elle ne sait même pas ce que *chanter* signifie. C'est vrai que pour quelqu'un qui n'apprend la musique que depuis 3 mois, elle interprète remarquablement ; et de plus, elle a une voix agréable et pure. La raison pour laquelle j'ai fait des louanges d'elle tient sans doute à ce que j'entendais répéter du matin au soir : il n'y a pas de meilleure chanteuse en Europe, quiconque ne l'a pas entendue n'a rien entendu. Je n'ai guère osé les contredire, en partie parce que je voulais me faire de bons amis et en partie parce que j'arrivais tout droit de *Salzbourg** où l'on a appris à ne contredire personne. Mais dès que j'étais seul, j'étais bien obligé de rire de bon cœur; pourquoi n'en ai-je pas ri en vous écrivant? – C'est ce que je ne comprends pas.

Je suis très vexé de ce que vous m'écrivez de si mordant au sujet de mes joyeuses conversations avec la fille de votre frère, mais cela ne s'étant pas passé comme vous l'imaginez, je n'ai rien à y répondre. Au sujet de Wallerstein, je ne sais que dire : j'ai été très réservé et sérieux avec Beecke; à la table des officiers, j'ai pris place avec une véritable *auctorité** et n'ai dit mot à personne. Passons là-dessus, vous n'avez écrit ces lignes que dans un premier emportement.

Tout est vrai de ce que vous dites au sujet de *Mad*[selle] Weber; et en vous parlant d'elle, je savais tout comme vous qu'elle est trop jeune, que l'*action** lui manque et qu'elle doit avant tout souvent réciter au théâtre. Seulement, avec certaines personnes, il faut progresser – pas à pas. Ces braves gens sont las d'être ici comme – vous savez bien *qui* et *où*. Ils croient de plus que tout est réalisable et je leur ai promis de tout écrire à mon père. D'ailleurs, alors que la lettre était en route pour *Salzbourg**, je leur ai toujours répété qu'il fallait qu'elle prenne patience, qu'elle était un peu trop jeune *etcaet.* Ils acceptent tout ce que je leur dis car ils me tiennent en grande estime. Sur mes conseils, son père a déjà parlé à *Mad*^me^ Toscani (comédienne), pour qu'elle enseigne l'*action** à sa fille. Tout ce que vous dites de la Weberin est vrai sauf une chose : qu'elle chante comme la Gabrielli ; je n'aimerais pas beaucoup qu'elle chante ainsi. Quiconque a entendu la Gabrielli dit et dira toujours qu'elle n'était qu'une chanteuse de passages et de roulades ; et comme elle s'exprimait de cette manière si particulière, elle méritait certes l'admiration, mais cela ne durait pas au-delà de la 4e audition. Elle ne pouvait plaire à la longue, on se lassait vite des passages et elle avait le malheur de ne pas savoir chanter. Elle n'était pas en mesure de tenir une seule note *comme il faut,* elle n'avait pas de *messa di voce,* ne savait pas soutenir, en un mot, elle chantait avec art mais sans aucun entendement. Mais celle-ci chante pour le cœur et préfère le *Cantabile.* Je lui ai fait découvrir les passages dans le *grand air*, car il est nécessaire qu'elle sache chanter des grands airs de bravoure si elle se rend en Italie. De toute façon, elle n'oubliera pas le *Cantabile* puisqu'il est dans sa nature. Comme on lui demandait son avis sincère, Raaff (qui n'a certes pas tendance à flatter les gens) l'a dit lui-même : elle n'a pas chanté comme une élève mais comme une *Professora.* Maintenant, vous savez tout, je vous la recommande de tout cœur. Et je vous prie de ne pas oublier ce que je vous ai demandé au sujet des airs, cadences, etc. Portez-vous bien, je vous baise 100 000 fois les mains et suis votre fils très obéissant

Wolfgang Amadé Mozart

Je ne peux en écrire plus
tant j'ai faim.

Ma mère vous ouvrira notre grande caisse des finances. J'embrasse ma sœur de tout cœur, mais elle ne doit pas se mettre à pleurer à la moindre f., sinon je ne rentrerai jamais de ma vie. Mon compliment à tous nos bons amis et amies, surtout à M. Bullinger.

POST-SCRIPTUM D'ANNA MARIA MOZART :

Mon cher époux, j'espère que la présente te trouvera toujours en bonne santé et nous regrettons de tout cœur que notre lettre t'ait causé une telle frayeur. En retour, ta lettre du 12 nous a bien chagrinés. Je te prie, autant que je peux le faire, de ne pas prendre tout à ce point au tragique que ta santé en souffre. Tout peut être remis dans l'ordre, on n'a rien perdu si ce n'est une < *mauvaise* > *Companie**. Nous allons faire tout notre possible pour préparer notre voyage à Paris. Notre fortune se monte à 140 fl., nous chercherons à vendre la voiture, mais je ne crois pas que nous en tirions plus de 60 ou 70 fl. (car récemment, on a vendu une belle voiture à 4 places, décapotable et vitrée, pour 9 louis d'or). Nous mettrons toutes nos affaires dans 2 coffres et nous rendrons à Paris par la diligence. Cela ne coûtera pas tellement cher, et bien des braves gens prennent ce moyen de transport. Mais nous devrions avoir un *quatier* * pour ne pas devoir nous attarder à l'auberge. Si le commerçant dont tu nous parles pouvait avoir la gentillesse de nous aider, ce serait très bien. J'attends ta prochaine lettre avec impatience pour que nous puissions agir selon tes conseils. *Adio,* portez-vous bien tous les deux, je vous embrasse 10 000 fois et demeure ta fidèle épouse

Maria Anna Mozartin

Bien des choses à tous nos bons amis. J'ai une plume et une encre épouvantables.

Mozart a quitté Paris depuis septembre où son séjour, endeuillé par la mort de sa mère, s'est déroulé dans des conditions fort éloignées de celles qu'il avait espérées. Dans son voyage de retour à Salzbourg, il s'arrête à Mannheim, espérant y retrouver Aloisia et négligeant les instructions de son père. À Munich quelques semaines plus tard, il loge chez les Weber qui ont suivi dans cette ville la troupe des musiciens de la cour de Mannheim à laquelle appartient Aloisia. Celle-ci dédaigne les témoignages empressés de Mozart.

LEOPOLD MOZART À SON FILS À MANNHEIM

À Monsieur Monsieur Le chevalier Wolfgang / Amadé Mozart *maître de musique / à /* Mannheim*

Salzbourg, le 23 novembre 1778

Mon cher fils *!*

Je souhaite que cette lettre ne te trouve plus à Mannheim, et comme tu auras reçu ma réponse du 19, j'espère, si tu y es encore, que tu partiras par la première malle de poste. C'est la raison pour laquelle je t'envoie cette deuxième lettre. Je suis las de tes *projets* * par lesquels tu anéantis les meilleurs des plans que j'ai si souvent élaborés, ce que tu ne comprends pas parce que tu ne peux – ou ne veux – pas réfléchir de sang-froid et sans préjugé. – Bien sûr, souvent tu ne le peux pas parce que, dans le feu de ta jeunesse, tu es entraîné en un instant par les propositions flatteuses de l'un ou de l'autre, tu prends pour de l'or tout ce qui, en fin de compte, n'est que faux métal. Tu oublies par là que ton père est ton seul véritable ami qui doit, en toute conscience, veiller à ton bien, tant par devoir paternel, selon les commandements de Dieu, que par amour pour son enfant, qui le fera et qui le peut. Je n'ai pas toujours pu t'écrire l'enchaînement de mes pensées et de mes plans, car ceci ou cela dépend des modifications dues aux circonstances, ce qui explique que j'aie souvent 2 ou 3 solutions en tête. Il y a deux choses qui te remplissent le crâne et t'empêchent de réfléchir sensément. La première et la principale est ton amour pour *Mads*[le] * *Weber*, auquel je ne suis absolument pas opposé. Je ne l'étais pas jadis, lorsque son père était pauvre, pourquoi le serais-je maintenant *qu'elle* peut faire *ton bonheur* – et non pas toi le sien ? -- et je pense que son père connaît cet amour puisque tout le monde est au courant à Mannheim. – D'ailleurs M. Fiala l'a appris par eux, – et M. Bullinger, celui qui est instructeur chez le comte Lodron, a raconté à la maison que lorsqu'il s'est rendu par la malle de poste à Ellwangen (où il était en vacances) avec des *musicis* de Mannheim, ces derniers ne lui ont parlé que de ton habileté, de tes compositions et de ton amour pour Mlle* Weber. – D'autre part, je t'ai donné depuis longtemps mon avis, qu'en reprenant ici du service, tu es plus près de Munich où tu peux te rendre en 18 heures – d'où nous pouvons être mis au courant de tout, dans le moindre détail, où nous pouvons faire un tour, tout comme à Seeon, et d'où M. Weber et Mlle* sa fille peuvent venir nous rendre visite et habiter chez nous. Je voulais même te dire – et te l'écris maintenant – que tu devrais inviter M. Cannabich, M. Wendling, M. Ramm, M. Ritter à venir nous voir ; – au printemps et en été, ces messieurs n'ont pas grand-chose à faire et ils pourraient se divertir en faisant un tel voyage, bref et peu coûteux. De même, entrer au service de notre cour sera la seule possibilité certaine, pour toi, d'aller en Italie (et c'est la *2ème raison* qui te remplit la tête), ce qui m'intéresse plus que tout le reste. Cette fonction est absolument indispensable si tu n'as pas la pensée la plus honteuse et la plus vile de livrer ton père si soucieux à la honte et à la moquerie ; ton père qui a sacrifié à ses enfants chaque heure de sa vie pour obtenir *crédit** et honneur, puisque je ne suis pas en mesure de payer une dette qui se monte, en tout, à 1 000 fl., si tu n'en facilites pas le remboursement par les rentrées d'argent de ton salaire, alors que je peux sûrement rembourser 400 fl. par an tout en continuant à vivre merveilleusement avec vous deux. Le fils qui se fit jeter en prison à la place de son père, qui voulait même mourir pour lui, aurait certainement trouvé fort agréable de devoir gagner quelques centaines de florins pour l'amour de son père, moyennant quelques désagréments, mais également avec de nombreux plaisirs, au lieu de s'atteler tout l'hiver à un concerto pour 25 louis d'or en laissant son père se consumer. Mais à quoi servent toutes les réflexions de mon cœur de père sincère si tu lis les lettres d'un œil rapide, sans *réflexion** – sans te rappeler vivement les incidents de tout ton voyage et mes plans, et leur remise en question pour te consacrer à tes pensées favorites et à tes projets qui crèvent comme bulles de savon. Pendant ce voyage, tu as souvent été dupé, tu as si souvent fait l'expérience que tous ceux qui te rendaient service, ou la plupart d'entre eux, le faisaient par intérêt et avec arrière-pensée ; combien de personnes t'ont promis des monts d'or – et n'ont rien tenu ? ---Fils chéri ! – tu connais trop peu le monde. --Lorsque tu seras de nouveau à la maison et réfléchiras avec plus de calme et de sang-froid à tous ces événements, à toutes les fausses promesses et aux diverses circonstances qui t'échappent maintenant parce que tu es trop sollicité, et que ton esprit léger ne les voit pas, alors tu te rappelleras mes lettres, mes prophéties et prévisions au sujet de l'ingratitude humaine, et tu en tireras un enseignement profitable pour l'avenir. M. Fiala a été reçu hier par l'archevêque, et alors que ce dernier le questionnait au sujet des gens de Mannheim, et surtout au sujet des compositions, M. Fiala lui dit que la meilleure musique qu'avaient ces messieurs de Mannheim était de Mozart, que dès la première des académies, qui se tiennent tous les lundis dans la salle de l'Empereur, tout était de Mozart sauf la symphonie ; que tout de suite après la symphonie, *Mdsel** Weber avait chanté un air de Mozart comme il n'en avait encore jamais entendu de semblable. – Puis il dut tout raconter à l'archevêque, qui le questionna plus particulièrement sur tout ceux qui avaient joué un concerto de toi, et s'en réjouit fortement. Il dut également lui décrire en détail le chant, l'âge, etc. de la Weberin, etc. – Mon cher Wolfgang! je pense que M. Weber est un homme qui, comme la plupart de ces gens, tirent avantage de leur pauvreté et perdent la tête s'ils ont de la chance. Il t'a flatté lorsqu'il avait besoin de toi, peut-être ne reconnaît-il plus maintenant que tu lui as montré quelque chose, ou que tu lui as appris quelque chose. Généralement, ceux qui ont été pauvres sont très fiers lorsqu'ils obtiennent une bonne situation. – Hier, dimanche, fête de Sainte-Cécile, ta sœur a invité *Ceccarelli*, *Fiala* et *sa femme* à déjeuner, afin qu'ils m'égaient car depuis le 19, jour où j'ai reçu ta lettre de Mannheim, j'étais très malade parce que je n'avais pu dormir des nuits entières et ne cessais de penser à toi, que le *21* était *le* jour de notre mariage où, si ton honnête et bienheureuse mère vivait encore, nous aurions été mariés depuis 31 ans. Après le repas, M. *Bullinger, M.* le *Trésorier payeur,* le *hautboïste Feiner* et *Kath. Gilowsky* vinrent pour la séance de tir, puis nous avons pris le café. À 4 heures, tout le monde se rendit à la comédie, et à 7 heures à la cour, Fiala joua un concerto, et la première symph. était une de tes Finalsymphonies, l'*andante* et le *trio* avec le hautbois solo. Brunetti a tout demandé à Stadler et l'a fait copier à la cour; ils ont fort bien joué. Quels soucis n'avais-je pas ces jours-ci! Comme le *coffre** et les *bagages** de Fiala avaient été pesés au pesage public et apportés chez moi, M. Kolb, Antretter et tout le monde crut que c'étaient tes *bagages* * et que tu arriverais le lendemain : quelle cavalcade! En vain! J'ai fait mettre dans ta chambre une *armoire* où l'on peut ranger pratiquement ses vêtements sur des planches, sans tiroirs, avec deux portes, très pratique, et le *clavicordin* est depuis longtemps sous ton bureau. Le comte Sigerl Lodron a failli mourir avant-hier. Il a fallu lui faire 2 nouvelles ouvertures dans le corps, et depuis quelques jours, il y a une telle puanteur et des humeurs putrides que les gens en sont malades; aujourd'hui, cela va un peu mieux car les matières s'écoulent à nouveau fraîchement et ne sont plus noires.

Ne t'attarde pas, si tu es encore là, si tu veux que je croie que tu m'aimes et que je vive. Je t'embrasse des millions de fois et suis ton honnête père

Mzt

Ta sœur t'embrasse de tout cœur. Ceccarelli attend avec grande impatience le moment de te voir. M. Bullinger, Fiala, sa femme, M. Feiner, fofolle Gilowsky, tous les Robinig, les Antretter, les Mölk, les Hagenauer, les Kolb, etc. te font leurs compliments.

J'ai installé Fiala chez les Hagenauer, dans l'appartement du 3e étage, là où ta sœur et toi êtes nés. J'espère que tu partiras immédiatement, sinon j'écris *à Mdme* * Cannabich – je veux, si Dieu le permet, vivre encore quelques années, payer mes dettes, – et après, tu pourras, si tu en as l'envie, te cogner la tête contre les murs : – – mais non! tu as bon cœur! tu n'es pas méchant – tu n'es que léger! Cela viendra bien!

MOZART À SON PÈRE À SALZBOURG

*vienne ce 16 de may 1781 **

*Mon trés cher Pére *!*

Je n'ai jamais imaginé autre chose sinon que, dans un premier feu, l'affaire survenant de manière si brutale pour vous (alors que vous m'attendiez avec certitude), vous m'écririez toutes les choses qu'il m'a fallu lire. – Vous avez maintenant réfléchi plus à fond, vous ressentez plus profondément l'affront, car vous êtes un homme d'honneur, – vous savez et vous comprenez que ce que vous < avez envisagé – n'est plus à venir, mais est déjà survenu. – À Salzbourg, il est toujours plus difficile de se détacher – car il y est le seigneur, mais ici – il n'est qu'un *crétin,* comme je le suis à ses yeux >. Et puis – croyez-moi sincèrement, je vous connais, et connais mon < bon cœur > à votre égard. – < L'archevêque m'aurait accordé quelques centaines de florins > de plus, et moi – j'aurais accepté, et nous aurions encore < la vieille *histoire** >.

Croyez-moi, mon cher père, j'ai besoin d'une grande force virile pour vous écrire ce que me dicte la raison – Dieu sait combien il me coûte de vous quitter ; – mais quand bien même je devrais mendier, je ne voudrais plus servir un tel seigneur – car cela, je ne l'oublierai de ma vie. – Je vous en prie, je vous en prie pour tout au monde, renforcez-moi dans cette décision au lieu de chercher à m'en détacher. – Vous me paralysez – car mon < souhait et mon espoir > sont – d'acquérir < honneur, réputation >, et < argent > ; je suis certain de pouvoir vous être < plus utile à Vienne > qu'à < Salzbourg >. – < Le chemin de Prague > m'est moins bouché que si j'< étais à Salzbourg >. – Quant à ce que vous écrivez au sujet < des Weber >, je peux vous assurer qu'il n'en est rien. – Avec la Langin, c'est vrai, j'ai été un fou, mais que ne fait-on pas lorsqu'on est < amoureux >! – Je l'ai aimée, en vérité, et sens qu'elle ne m'est toujours pas indifférente. – C'est une chance pour moi que son mari soit d'une jalousie folle et ne la laisse aller nulle part ; ainsi, je ne la rencontre que rarement. – Croyez-moi vraiment, la vieille *Mad*^{me}* < Weber > est une < femme très serviable >, et je ne peux lui rendre suffisamment hommage *à proportion* * de son obligeance, car je n'ai pas le temps de le faire.

J'attends maintenant avec impatience une lettre de vous, mon excellent, mon père chéri. – Rassurez votre fils, car la seule pensée de vous déplaire peut le rendre malheureux, malgré les circonstances qui lui sont favorables. *Adieu* * – mille adieux, je suis à jamais – en vous baisant 1 000 fois les mains – votre

fils très obéissant
W : A : Mzt

P.S. : Si d'aventure il vous arrivait de penser que je suis ici par haine pour Salzbourg et par amour *incontrôlé* pour Vienne – renseignez-vous –

M. v. < Strack > – qui est mon très bon ami, – vous écrira certainement la vérité, en honnête homme.

Mozart s'afflige ici de ses démêlées avec le prince-archevêque. Excédé de la servilité que l'on exige de lui, il démissionne de la fonction d'organiste de la cour et de la cathédrale qu'il remplit à Salzbourg depuis 1779, en dépit des véhémentes objurgations de son père.

La « Langin » est son ancien amour, Aloisia, qui s'est mariée en 1780 avec un dénommé Joseph Lange.

L'intérêt de cette lettre avec notre sujet réside dans sa dernière partie, où Mozart se défend des méchantes rumeurs qui courent sur sa conduite et dont son père a eu vent grâce à un correspondant délicatement scrupuleux. Mais cette lettre vaut aussi par le récit des nouveaux développements de l'affaire de la démission de Mozart, rejetée puis acceptée à contrecœur, et la description des avanies qui lui sont faites par ces « hauts » personnages.

MOZART À SON PÈRE À SALZBOURG

*de Vienne / À Monsieur / Monsieur Leopold Mozart Maitre de Chapelle de SA : R : L'Archeveque de et / à / Salsbourg**

*vienne ce 13 de Juin 1781**

Mon Trés Cher Pére !*

Meilleur de tous les pères ! comme j'aimerais continuer à vous sacrifier mes meilleures années là où l'on est mal payé ; – si seulement c'était le seul point noir ! Mais être mal payé et, de plus, se sentir raillé, méprisé et *couillonné* – c'est vraiment trop. – Pour l'académie de l'archevêque, ici, j'ai composé une sonate pour moi, un *rondeau** pour Brunetti et pour Ceccarelli, j'ai joué 2 fois à chaque académie, et la dernière fois, lorsque tout fut terminé, j'ai interprété pendant une bonne heure des variations (pour lesquelles l'archevêque m'avait fourni le thème), et il y eut de tels applaudissements que si l'archevêque possède un tant soit peu de cœur humain, il a dû ressentir du bonheur. Et au lieu de montrer tout au moins sa satisfaction et son approbation – ou ma foi, ne rien dire du tout – il me renvoie comme un gamin – me jette au visage de décamper, qu'il en trouvera cent qui le servent mieux que moi. – Et pourquoi ? – parce qu'il m'est impossible de partir *le jour* qu'il s'est mis en tête. Je dois quitter la maison, vivre de ma poche, et n'ai pas la liberté de partir lorsque ma bourse me le permet, alors que, de plus, je ne suis pas nécessaire à Salzbourg et qu'il ne s'agissait que de 2 jours. – L'archevêque m'a dit par 2 fois les plus grandes *impertinences** et je n'ai pas répondu un seul mot. Bien plus, j'ai continué à jouer pour lui avec le même empressement et la même application, comme si de rien n'était. Au lieu de reconnaître mon zèle et mes efforts pour lui plaire, il se comporte pour la troisième fois de la manière la plus abominable du monde, alors que j'attendais autre chose. – Et pour que je n'aie aucun tort mais bien plus, reste tout à fait dans mon droit, on agit comme si l'on voulait à tout prix me mettre dehors. – Eh bien – si on ne veut pas de moi, c'est aussi mon souhait. Le comte Arco, au lieu d'accepter ma requête, de m'obtenir une audience, de me conseiller de l'envoyer par courrier, ou de chercher à me convaincre de laisser tomber la chose et de réfléchir encore un peu, *enfin** – ce qu'il aurait voulu – non – il me fiche à la porte et me donne un coup de pied au derrière. – Donc, cela veut dire, en clair, que Salzbourg n'est plus un endroit pour moi. Sauf si on me fournit une bonne occasion de rendre à M. le comte un coup de pied au cul, et que cela se passe en pleine rue. – Je ne demande pas *satisfaction** à l'archevêque à ce sujet, car il ne serait pas en état de me la procurer de la façon que je me promets de prendre. J'en écrirai plus dans les prochains jours à M. le comte pour lui dire ce qu'il a à attendre de moi dès que la chance me le fera rencontrer, où que ce soit, sauf en un lieu où je dois observer le *respect**. –

Au sujet du salut de mon âme, soyez sans crainte, mon excellent père ! – je suis un jeune homme faillible, comme tous les autres, mais je peux, pour ma consolation, souhaiter que tous le soient aussi peu que moi. – Vous croyez peut-être des choses fausses à mon sujet ; – mon principal défaut est de ne pas agir, *selon les apparences,* comme je le devrais. – Il est faux que je me sois vanté de manger de la viande presque tous les jours maigres, mais j'ai dit que cela ne me soucie pas et que je ne tiens pas cela pour un péché ; car pour moi, jeûner signifie se priver, manger moins que d'habitude. – J'assiste tous les dimanches et tous les jours de fête à la messe, et dans la mesure du possible, les jours de semaine aussi, vous le savez, mon père. – Mes seuls rapports avec la personne de mauvaise réputation se sont arrêtés au bal. – Je la connaissais depuis longtemps avant d'apprendre qu'elle avait mauvaise réputation – et uniquement pour être certain d'avoir une partenaire pour la *contredanse**. – Je ne pouvais donc pas rompre sans lui en donner la raison – et qui oserait jeter cela au visage des gens ? – Ne l'ai-je pas bien souvent laissée tomber à la dernière minute, pour danser avec d'autres ? – J'ai alors été très heureux cette fois que le carnaval prenne fin. – D'ailleurs personne ne pourra dire, sans *passer** pour un menteur, que je l'ai rencontrée ailleurs, ou que je suis allé chez elle. – Enfin, soyez assuré que j'ai vraiment de la *religion** – et si le malheur voulait (Dieu m'en préservera) que je dévie du droit chemin, je vous affirme, mon excellent père, que je ne rejetterais pas la faute sur vous. – Je serais seul le gredin. – Je vous dois, à vous, tout ce que vous avez fait pour mon salut temporel et spirituel.

Je dois maintenant m'arrêter, sinon je manquerai la poste. Je vous baise 1000 fois les mains, embrasse ma chère sœur de tout cœur et suis à jamais votre

fils très obéissant
Wolfgang Amadè Mozart

P.S. : Mon compliment au
jeune Marchand. À Katherl, à tous
mes bons amis et amies.

Cette série de lettres peut se lire comme un petit roman épistolaire. L'intrigue se noue autour de la maison Weber, se développe sur fond de liaison secrète entre l'une des filles de celle-ci et Mozart. Elle macère dans les commérages que son séjour dans une chambre de cette même maison, entre mai et septembre 1781, nourrit abondamment, puis retombe avec les énergiques protestations de probité de l'intéressé.

Mais l'action rebondit bientôt, se complique avec les manœuvres véreuses de la mère de Constanze et progresse crescendo vers une crise entre le père et le fils.

À la fin, la morale l'emporte, un mariage rétablit les choses dans leur ordre naturel et réconcilie les deux correspondants fâchés.

MOZART À SON PÈRE À SALZBOURG

À / Monsieur Monsieur Leopold / Mozart maitre de la Chapelle / à / Salzbourg *

vienne ce 25 de juillet 1780 *

Mon trés cher Pére *!

Je le répète, il y a longtemps que j'ai l'idée de prendre un autre *logis**, ne serait-ce qu'à cause des bavardages. – Je regrette d'y être contraint à la suite de racontars idiots où il n'y a pas un mot de vrai. Je me demande quel plaisir certaines personnes éprouvent à inventer des bruits sans fondement. – Parce que j'habite chez eux, j'épouse la fille; il n'est pas question d'en être épris, cela, on le saute; mais je *loge* * à la maison, donc *j'épouse.* – S'il y a un moment où je n'ai pas pensé à me marier, c'est bien maintenant! Certes je ne souhaite rien moins qu'une femme riche, mais si je pouvais maintenant faire véritablement mon bonheur par un mariage, je ne serais pas en mesure de faire ma cour car j'ai tout autre chose en tête. – Dieu ne m'a pas donné du *talent** pour que je l'accroche à une femme et me prélasse dans l'inaction pendant ma jeunesse. – Je commence tout juste à vivre, et je devrais moi-même tout gâcher ? – Je n'ai certes rien contre le mariage, mais actuellement, cela me porterait tort. – Alors, il n'y a pas d'autre moyen ; je dois, bien que ce ne soit pas vrai, préserver tout au moins les apparences – même si elles ne s'appuient que sur le fait que – j'y habite. – Les gens qui ne fréquentent pas la maison ne peuvent d'ailleurs même pas affirmer que je la rencontre autant que les autres créatures de Dieu ; car les enfants sortent rarement – sauf à la comédie, et je n'y vais jamais avec elles car généralement, je ne suis pas à la maison à l'heure de la comédie. – Nous nous sommes rendus quelques fois au Prater, mais la mère était avec nous. Étant à la maison, je n'ai pas pu refuser de les accompagner. – À l'époque, il n'était pas encore question de ces cancans. De plus, je dois vous dire que je n'ai payé que *ma part.* – Et comme la mère connaît elle-même les bavardages, que je les lui ai également rapportés, je dois ajouter qu'elle non plus ne veut pas que nous sortions désormais ensemble et elle m'a même conseillé de déménager pour éviter d'autres ennuis ; car elle dit qu'elle ne voudrait pas faire mon malheur sans le vouloir. – C'est donc la seule raison pour laquelle j'envisage depuis longtemps de déménager (depuis qu'on chuchote ainsi). – En vérité, je n'en ai aucune, mais les mauvaises langues m'en procurent. – S'il n'y avait ces jaseries, j'aurais de la peine à partir. Je trouverai certes facilement une chambre plus jolie, mais difficilement de telles *commodités**, et des gens aussi aimables et serviables ; – je ne veux pas dire qu'à la maison, je sois distant avec la *Mademoiselle* qu'on me fait déjà épouser, et que je ne lui adresse pas la parole – mais je n'en suis pas amoureux pour autant. – Je plaisante et m'amuse avec elle quand j'en ai le temps (et ce ne peut être que le soir, lorsque je *soupe** à la maison – car le matin, j'écris dans ma chambre, et l'après-midi, je suis rarement chez moi) – sinon, rien de plus. Si je devais épouser toutes celles avec lesquelles je badine, j'aurais facilement 200 femmes. – Venons-en maintenant à l'argent.

Mon élève est restée 3 semaines à la campagne – je n'ai donc rien pu gagner, mais les dépenses ont continué ; – je ne pouvais donc plus vous envoyer 30 ducats – mais 20 – et comme j'avais de l'espoir à cause des *souscriptions**, j'ai préféré attendre pour vous envoyer la *somme* promise. – Voici maintenant que la comtesse Thun me dit qu'il n'est pas possible de penser à la *souscription** avant l'automne – parce que tous ceux qui ont de l'argent sont à la campagne – pour l'instant, elle n'a que 10 personnes, et mon élève n'en a que sept. – Je fais toutefois graver 6 sonates. Artaria (graveur de musique) en a déjà discuté avec moi ; dès qu'elles seront vendues et que je serai payé, je vous enverrai l'argent.

Il faut maintenant que je demande pardon à ma chère sœur de ne pas lui avoir présenté par écrit mes vœux pour sa fête. – La lettre commencée est dans mon armoire. – Samedi 14 alors que je commençais la lettre, le valet de la comtesse Rumbeke est arrivé, me disant que tout le monde partait à la campagne et demandant si je ne voulais pas les accompagner. – Comme je ne veux rien refuser à Cobenzl, j'abandonnai la lettre, réunis rapidement mes affaires et partis avec eux. – J'ai pensé que ma sœur ne m'en voudrait pas. Je lui souhaite donc dans l'*octave** toutes les choses agréables et avantageuses qu'un frère sincère qui aime sa sœur de tout cœur peut lui souhaiter ; je l'embrasse très tendrement.

Je suis rentré aujourd'hui avec le comte, et demain, je repars avec lui. – Portez-vous bien, très cher, excellent père ! Croyez en votre fils et faites-lui confiance, il a les meilleurs sentiments du monde à l'égard des gens honnêtes – pourquoi ne les aurait-il pas à l'égard de ses chers père et sœur ? - - Croyez-le et faites-lui plus confiance qu'à certains – qui n'ont rien de mieux à faire que de médire des gens honnêtes. – *Adieu** donc – je vous baise 1 000 fois les mains et suis à jamais votre

fils très obéissant
Wolfgang Amadè
Mozart

Mozart est en quête d'un nouveau logement. C'est que les rumeurs circulant dans Vienne autour des relations prétendument illicites qu'il entretient avec l'une des filles Weber et le chantage au mariage qu'exercerait la mère rendent sa situation de locataire dans la maison de ces mêmes Weber de moins en moins tenable.

Las, sa prospection d'un domicile honorable le contraint d'affronter des conjonctures plus périlleuses encore...

MOZART À SON PÈRE À SALZBOURG

*À / Monsieur / Monsieur Leopold Mozart / maitre de la Chapelle à / Salzbourg**

*Vienne ce 22 d'Août 1781**

Mon trés cher Pére!*

Je ne peux encore rien vous dire au sujet de l'adresse de mon nouvel appartement, parce que je n'en ai pas encore; mais je suis en discussion sur le prix de deux d'entre eux, et j'en prendrai un à coup sûr car je ne peux plus habiter ici le mois prochain et suis donc obligé de déménager. – Il semble que M. v. Auernhammer vous ait écrit – et dit que j'ai déjà un appartement! – J'en avais un, certes, mais quel appartement! – pour des rats et des souris, mais pas pour les hommes. – Il fallait chercher l'escalier à la lanterne, même à midi. La chambre pouvait être qualifiée de petit cabinet. Il fallait passer par la cuisine pour y pénétrer, et il y avait une petite fenêtre à la porte de ma chambre. On m'affirma certes qu'on y mettrait un rideau, mais on me pria de l'ouvrir dès que je serais habillé car sinon, on ne voyait rien ni dans la cuisine, ni dans les autres pièces avoisinantes. – La propriétaire elle-même appela la maison nid de rats, en un mot, c'était épouvantable à voir. – C'eût été un *noble* appartement, alors que diverses personnes de condition viennent me voir! – Le brave homme n'a vraiment pensé qu'à lui et à sa fille qui est la plus grande *raseuse* que je connaisse. – Comme j'ai lu dans votre dernière lettre un *éloge** du comte Daun sur cette famille, il faut que je vous en parle un peu. J'aurais passé sous silence ce que vous allez lire et l'aurais considéré comme quelque chose qui ne me fait ni chaud ni froid, car ce n'est qu'un *ennui* privé pour moi seul. – Mais comme je constate d'après votre lettre que vous avez confiance en cette maison, je me vois contraint de vous en dire franchement le bien tout comme le mal. – Lui, c'est le meilleur homme du monde – mais trop bon, car sa femme, la plus sotte et la plus folle bavarde de la terre, porte la culotte. De sorte que lorsqu'elle parle, il n'ose dire un mot. Nous nous sommes souvent promenés ensemble, et il m'a prié de ne pas dire en présence de sa femme que nous avons pris un *fiacre** ou bu une bière. – Bref, je ne puis en aucun cas avoir confiance en un tel homme ; il est trop faible pour moi, en ce qui concerne la tenue de sa maison. – Il est bien brave et c'est un bon ami ; je pourrais y déjeuner souvent, mais j'ai l'habitude de ne pas me faire payer *les services que je rends.* – Ce ne serait évidemment pas réglé par une soupe à midi – mais ces gens pensent toujours que c'est le cas. – Je ne suis pas chez eux pour mon avantage mais pour *le leur.* Je n'y vois pour moi aucun profit – et n'y ai pas encore rencontré une seule personne digne que j'en parle sur ce papier. – Par ailleurs, ce sont de bonnes gens, mais rien de plus ; – des gens assez sensés pour sentir combien le fait d'avoir fait ma connaissance est utile à leur fille, car tous ceux qui l'ont entendue avant soulignent combien elle a progressé depuis que je vais chez elle. – Je ne ferai aucune description de la mère. Sauf qu'on a assez de mal à s'empêcher de rire, tout au long du repas ; *basta.* Vous connaissez Mme Adlgasser ; ce *meuble** est encore pire, car elle est en plus *médisante**. Donc bête et méchante. Passons donc à la tille : si un peintre voulait faire un portrait bien naturel du diable, il n'aurait qu'à s'inspirer de son visage. – Elle est grosse comme une fille de ferme, transpire à vous faire vomir et va si débraillée – qu'on peut lire sans mal : *je vous en prie, regardez-moi;* – il est vrai qu'il y a assez à voir; au point qu'on souhaiterait perdre la vue, mais – on est bien puni pour la journée lorsque les yeux ont le malheur de se porter sur elle – on a besoin d'un vomitif! – tant elle est répugnante, sale et affreuse! – Fi diable! – Je vous ai déjà écrit comment elle joue du piano. – Je vous ai dit pourquoi elle m'a prié de lui venir en aide. – J'ai grand plaisir à rendre service aux gens, mais il ne faut pas qu'ils me *rasent.* – Il ne lui suffit pas que je passe chaque jour 2 heures avec elle; il faudrait que j'y reste toute la journée. – Et elle veut faire la gracieuse! – mais plus que cela; elle est *sérieusement** amoureuse de moi, – J'ai cru tout d'abord à une plaisanterie, mais maintenant, je sais que c'est vrai. – Lorsque je l'ai remarqué – car elle prenait des libertés – par exemple – de me faire de tendres reproches lorsque j'arrivais plus tard que d'habitude, ou que je ne pouvais rester longtemps, et autres choses de ce genre – je me suis vu contraint, pour ne pas l'abuser, de lui dire poliment la vérité. – Mais cela ne servit à rien. Elle devint de plus en plus éprise; finalement, j'étais toujours très poli sauf quand elle faisait ses manières, alors je la rudoyais. – Elle me prenait alors par la main et disait : *cher Mozart, ne soyez pas méchant – vous pouvez dire ce que vous voulez, je vous aime bien quand même.* – Dans toute la ville, on rapporte que nous allons nous marier, mais on ne s'étonne que de ce que j'accepte un tel visage. Elle me dit que lorsqu'on lui en parlait, elle en riait toujours. Mais je sais par une certaine personne qu'elle a dit que c'était vrai, ajoutant que nous voyagerions alors ensemble. – Cela m'a mis en colère. – Finalement, je lui ai alors bravement dit ce que j'en pensais, en la priant de ne pas abuser de ma gentillesse. – Je n'y vais plus tous les jours mais seulement un jour sur deux, et cela ira en diminuant petit à petit. – Ce n'est qu'une folle amoureuse ; – car avant même de me connaître, elle a dit au théâtre, en m'entendant : demain, il viendra me voir et je lui jouerai ses Variations avec le même *gusto.* – C'est la raison pour laquelle je ne m'y suis pas rendu, parce que c'est une vantardise – et qu'elle a menti. J'ignorais en effet que je devais y aller le lendemain. – Adieu * *donc,* le papier est plein. Le premier acte de l'opéra est maintenant terminé. Je vous baise 1 000 fois les mains, embrasse ma chère sœur de tout cœur et suis à jamais votre

fils ob,
W : A : Mozart

C'est avec cette lettre et par les allusions contenues dans ses dernières phrases que l'action rebondit. Et sous les probables injonctions de son père, Mozart révèle plus explicitement ses projets dans la lettre suivante, datée du 15 décembre 1781.

MOZART À SON PÈRE À SALZBOURG

[de vienne] À / Monsieur / Monsieur Leopold Mozart / maitre de la Chapelle de S : A : R : / l'archeveque de et à / Salzbourg*

Vienne ce 5 de Decem^{bre} *1781**

Mon trés cher Pére *!

Aujourd'hui, je n'ai pas de lettre de vous et vais donc vous donner les nouvelles que je connais. – Il n'y en a guère, la plupart d'entre elles sont des mensonges – et c'est pourquoi je ne vous en parle pas, car je dois me garder de me faire du tort; par exemple le bruit que le général Laudon était vraiment mort – mais à présent (bienheureuse Maison d'Autriche) il est ressuscité. – Le grand-duc reste ici jusqu'au Nouvel An; et l'empereur craint maintenant d'avoir à le divertir aussi longtemps. – Mais pour ne pas devoir trop se creuser la tête – il ne le fait pas du tout. – Il lui suffit d'avoir à divertir < *sa femme* > et pour cela – il < se suffit à lui-même >. Au bal de Schönbrunn, il y a eu une affreuse *confusion* *, comme il était possible de le prévoir sans sorcellerie, au vu des remarquables préparatifs. Monsieur Ego ne s'y rendit pas, n'étant pas amateur de bousculades, de coudes dans les côtes et d'échanges de coups, fussent-ils < *impériaux* > ! – Le *fourrier** de la chambre Strobel avait pour tâche de distribuer les billets. La limite était fixée à 3000 personnes. – On annonça officiellement que tout le monde pouvait se faire inscrire chez le sus-nommé Strobel. – Tout le monde y courut; et Strobel – inscrivait. – Il ne restait plus qu'à envoyer chercher les billets.

– À certains, qui sont suffisamment connus, on adressa les billets chez eux. – Pour de telles *commissions**, on envoya le premier gamin venu. – Il arriva alors qu'un gamin demande à quelqu'un croisé dans l'escalier s'il ne s'appelait pas untel ou untel. Celui-ci répondait oui, par plaisanterie ; et lui – donnait le billet. Je connais deux familles qui n'en ont pas eu du fait de ce désordre. – Ils étaient inscrits – firent chercher les billets, et Strobel fit dire qu'il les avait envoyés depuis longtemps. – Aussi le bal fut-il plein de coiffeurs et de femmes de chambre. – Mais voici la plus belle, et que la < *noblesse* * > a bien critiqué. – L'< empereur > conduisait la < grande-duchesse > par le bras – il y avait deux groupes de contredanses constitués par la *noblesse* * – les Romains – et les Tartares. – Au cours de l'une d'elles, il arriva que la populace viennoise, impudente par nature, se bousculât de telle manière que la < grande-duchesse > fut arrachée du bras de l'< empereur > – et poussée au milieu des danseurs. – L'< empereur > commença à taper du pied ; jura comme un *lazzarone,* repoussa tout un paquet de populace, et frappa à droite et à gauche. – Quelques-uns de la *garde** hongroise voulaient le suivre pour faire place – mais il les renvoya. – Ainsi, c'est bien fait pour lui ; – car il n'y a rien à faire, la populace reste toujours la populace.

Je reçois à l'instant votre lettre du 27 novembre. Il est vrai que l'empereur est allé au-devant du duc de Wurtemberg – mais pour l'amour de la princesse. – Personne ici n'en fait mystère – mais on ne sait s'il s'agit d'un morceau pour lui ou pour un prince toscan. – Vraisemblablement pour le second. – L'< empereur >, est à mon avis un peu trop < affectueux > avec elle – il lui baise sans arrêt les mains, l'une après l'autre, et souvent les deux à la fois. Cela m'étonne car c'est pour ainsi dire une enfant. – Mais si ce qu'on dit est vrai et se réalise, je crois vraiment qu'il a la chemise plus près du corps que l'habit ; – car elle doit rester ici 2 ans dans un couvent. – Et - - sans doute – sauf sorcellerie, elle deviendra mon élève de piano.

Je connais le bassoniste qu'on veut imposer à l'archevêque, il seconde Ritter à l'*opéra*. Vous écrivez que je ne dois pas vous oublier ! – Que vous soyez heureux que je ne vous oublie pas, cela me réjouit certainement au plus haut point – mais que vous puissiez me croire en mesure de vous oublier – cela me blesserait énormément. – Vous dites qu'il faut que je pense que j'ai une âme immortelle – non seulement j'y pense, mais j'y crois ; – où serait sinon la différence entre l'homme et les bêtes ? – C'est justement parce que je le sais et le crois – que je n'ai pu accomplir tous vos souhaits (ainsi que vous le pensiez). – Donc, portez-vous bien ; je vous baise 1 000 fois les mains, embrasse ma chère sœur de tout cœur et suis à jamais votre

fils très obéissant
W : A : Mozart

MOZART À SON PÈRE À SALZBOURG

Vienne ce 15 de Déc[bre] *1781**

*Mon trés cher Pére**!

Je reçois à l'instant votre lettre du 12. – Vous aurez la présente, la montre, l'*opéra* de Munich, les 6 sonates gravées, la *Sonate** pour 2 pianos et les cadences par l'entremise de M. v. Daubrawaick. – Pour ce qui est de la princesse de Wurtemberg et de moi, c'est raté. L'empereur m'a gâté l'affaire, car pour lui, seul Salieri compte. – L'archiduc Maximilian m'a proposé, *moi,* à la princesse ; – elle lui a répondu – que s'il ne tenait qu'à elle, elle n'aurait pris personne d'autre ; mais que l'empereur lui avait recommandé Salieri, à cause du chant, et qu'elle le regrettait bien. Pour ce que vous avez écrit au sujet de vos relations avec la Maison de Wurtemberg, il n'est pas impossible que cela puisse peut-être me servir. –

Père chéri, vous exigez une explication sur ce que j'ai écrit à la fin de ma dernière lettre ! – oh, comme j'aurais aimé vous ouvrir mon cœur depuis longtemps ; mais le reproche que vous auriez pu me faire *de penser à ces choses à un moment inopportun* m'a retenu – bien qu'il ne soit jamais inopportun d'y penser. – Entre-temps, je m'efforce d'obtenir ici quelque chose de *régulier* – on peut alors, avec l'appoint de ce qui est irrégulier, fort bien vivre ici ; – et puis – je me marie ! – Vous êtes effrayé de cette pensée ? – Je vous en prie, père chéri, excellent père, écoutez-moi ! – J'ai été contraint de vous découvrir mes souhaits, permettez-moi également de vous faire part de mes raisons, raisons tout à fait fondées. La nature parle en moi aussi fort que chez tout autre, et peut-être plus fort que chez bien des rustres grands et forts. Il m'est impossible de vivre comme la plupart des jeunes gens actuels. – D'abord, j'ai trop de religion, deuxièmement, j'aime trop mon prochain et suis trop honnête pour duper une jeune fille innocente, et troisièmement, j'ai trop de répugnance et de dégoût, de crainte et d'appréhension des maladies et trop d'attachement à ma santé pour m'amuser avec des putains. C'est d'ailleurs pourquoi je peux jurer n'avoir encore jamais eu de relations de cette sorte avec aucune femme. – Si ç'avait été le cas, je ne vous le cacherais pas, car faillir est toujours assez naturel à l'homme, et faillir *une seule fois* ne serait qu'une faiblesse – encore que je n'oserais promettre d'en rester à cette seule faiblesse si j'avais failli une fois sur ce point. – Mais je peux le jurer sur ma vie et sur ma mort. Je sais bien que cette raison (si forte soit-elle) ne saurait suffire. Mais étant par mon tempérament plus attiré par la vie calme et familiale que par le bruit je n'ai jamais été habitué – depuis ma tendre jeunesse – à veiller à mes affaires, en ce qui concerne mon linge et mes vêtements, etc. – et je ne peux penser à rien de plus utile pour moi qu'à une femme. – Je vous l'assure, il y a bien des dépenses inutiles qui m'incombent parce que je ne prends garde à rien. – Je suis tout à fait persuadé qu'avec une femme (et avec les revenus que j'ai moi seul), je m'en sortirais mieux que maintenant. – Combien de dépenses inutiles ne disparaîtraient elles pas ? – On en a d'autres à la place, c'est vrai, mais – on les connaît, on compte dessus, et, en un mot, on mène une vie ordonnée. – À mes yeux, un célibataire ne vit qu'à moitié. – Mes yeux sont ainsi, je n'y peux rien. – J'ai suffisamment réfléchi, et tout pesé – je ne peux penser autrement.

Maintenant, qui est donc l'objet de mon amour ? – Ne vous alarmez pas, là non plus, je vous en prie ; –

quand même pas une Weber? – Si, une Weber – pas Josepha – pas Sophie – mais Constanza, celle du milieu. – Je n'ai rencontré dans aucune famille une telle disparité de tempéraments. – L'aînée est une personne paresseuse, grossière et fausse, plus rusée qu'un renard. – La Lange est fausse, méchante, et c'est une *coquette* *. – La plus jeune – est encore trop jeune pour être quelque chose. – Elle n'est qu'une gentille créature, mais trop légère! Dieu la préserve de la séduction. – Mais celle du milieu, c'est-à-dire ma bonne et chère Constanze – la martyre parmi elles et justement peut-être pour cette raison celle qui a le meilleur cœur, la plus habile, en un mot, la meilleure. – Elle s'occupe de tout à la maison – mais ne saurait les satisfaire. Oh, mon excellent père! Je pourrais écrire des pages entières si je voulais vous décrire toutes les scènes qui nous ont été faites à tous deux dans cette maison. Si vous le désirez, je le ferai dans ma prochaine lettre. – Mais avant de vous délivrer de mon bavardage, il faut que je vous familiarise un peu mieux avec le caractère de ma Constanze bien-aimée. – Elle n'est pas laide, mais elle n'est toutefois rien moins que belle. – Toute sa beauté réside en deux petits yeux noirs et une belle taille. Elle n'a pas de vivacité d'esprit, mais suffisamment de sain entendement pour remplir ses devoirs d'épouse et de mère. Elle n'est pas portée à la dépense, c'est absolument faux. – Au contraire, elle est habituée à être mal vêtue. – Car le peu que la mère pouvait faire pour ses enfants, elle l'a fait pour les deux autres, mais jamais pour elle. – C'est vrai qu'elle aimerait être habillée gentiment et proprement, mais sans luxe. – Elle est en mesure de se faire la plupart des choses dont une femme a besoin; et elle se coiffe elle-même tous les jours. – Elle sait tenir un ménage et a le meilleur cœur du monde – je l'aime et elle m'aime de tout cœur! – Dites-moi si je peux souhaiter une meilleure femme?

Je dois encore vous dire que jadis, lorsque j'ai *quitté** mon service, je n'étais pas encore amoureux – l'amour est né grâce à ses tendres soins et à ses services (lorsque j'habitais chez elles). – Je ne souhaite donc rien tant que d'obtenir quelque chose d'assuré (ce dont j'ai, Dieu merci, véritablement espoir), et alors, je ne cesserai de vous prier de me permettre de sauver cette malheureuse et de faire son bonheur – et le mien en même temps – et, je dois dire également, le nôtre à tous – car vous êtes heureux lorsque je le suis, n'est-ce pas? – La moitié de ce que j'aurai *d'assuré,* vous en jouirez, mon père chéri! – Je vous ai maintenant ouvert mon cœur et vous ai expliqué mes paroles. – À mon tour, je vous prie maintenant de m'éclairer sur ce que vous avez écrit dans votre dernière lettre : tu ne vas pas croire que j'ai eu connaissance d'*une proposition qui t'a été faite et à laquelle,* lorsque je l'ai apprise, *tu n'as rien répondu.* – Je n'y comprends pas un mot; je ne suis au courant d'aucune proposition. – Maintenant, ayez pitié de votre fils! Je vous baise 1 000 fois les mains et suis à jamais

votre fils très obéissant
W : A : Mozart

POST-SCRIPTUM À SA SŒUR, À L'INTÉRIEUR DE L'ENVELOPPE :

Ma très chere sœur!*

Voici les 6 sonates gravées et la sonate pour 2 pianos. J'espère qu'elles te plairont. – Pour toi, quatre seulement sont nouvelles ; le copiste n'a pas terminé les variations, je te les enverrai prochainement.

Ma sœur chérie ! – j'ai devant moi une lettre commencée pour toi ; mais comme j'ai longuement écrit à papa, je n'ai pu la continuer ; je te prie donc cette fois-ci de te contenter de cette enveloppe ; je t'écrirai par le prochain courrier. *Addio,* porte-toi bien, je t'embrasse 1 000 fois et suis à jamais

ton frère sincère
W.A. Mozart

MOZART À SON PÈRE À SALZBOURG

*vienne ce 22 X^{bre} 1781**

Mon trés cher Pére!*

Je suis encore plein de colère et de rage à cause des mensonges ignominieux de ce chenapan Winter – calme et tranquille parce qu'ils ne m'atteignent pas – heureux et satisfait de mon inestimable et excellent père chéri ! – Je ne pouvais attendre autre chose de votre sagesse, de votre amour et de votre bonté à mon égard. – Vous aurez découvert en lisant ma dernière lettre l'aveu de mon amour et mes projets – et vous aurez constaté que dans ma 26e année, je ne serai pas assez stupide pour me marier au petit bonheur, sans avoir une situation assurée.

– Que mes raisons de me marier dès que possible sont bien fondées et, d'après la description que je vous ai faite de mon amie, qu'elle me sera une femme très utile. Car telle que je vous l'ai décrite, telle elle est – pas un cheveu meilleur, ni pire. – Pour ce qui est du contrat de mariage, je vous ferai un aveu sincère, convaincu que vous me pardonnerez cette démarche, car si vous aviez été à ma place, vous auriez certainement agi de la même manière. – Je vous demande seulement de me pardonner de ne pas vous en avoir parlé plus tôt. – Je vous ai déjà présenté mes excuses sur ce point dans ma dernière lettre et vous ai expliqué les raisons qui m'en avaient empêché. J'espère donc que vous me le pardonnerez, sachant bien que personne n'en était tourmenté plus que moi – et même si vous ne m'y aviez pas incité dans votre dernière lettre, je vous aurais quand même tout écrit et m'en serais ouvert à vous. Car plus longtemps – plus longtemps – par Dieu, je n'aurais pu me retenir ! –

Venons-en maintenant au contrat de mariage, ou plutôt à l'assurance écrite de mes justes visées sur la jeune fille. Vous savez bien que, comme le père est décédé (malheureusement pour toute la famille, et aussi pour moi et pour ma Constanze), il y a un tuteur. – À celui-ci (qui ne me connaît pas), il semble que des messieurs aussi empressés et impudents que M. Winter et consorts aient rebattu les oreilles avec toutes sortes de racontars à mon sujet -- qu'il fallait se méfier de moi – que je n'avais pas de situation – que j'avais une forte liaison avec elle – que je la laisserais peut-être tomber – et que la jeune fille serait ensuite malheureuse, etc. – Cela monta au nez de M. le tuteur – mais la mère, qui me connaît, moi et ma loyauté, laissait aller les choses et ne lui en disait rien. – En effet, mes seules relations consistaient à – habiter – et donc, à entrer chaque jour dans cette maison. – Personne ne me voyait jamais avec elle, sauf à la maison. – Il corna donc longtemps ses pensées aux oreilles de la mère, jusqu'à ce qu'elle m'en parle. Elle me pria d'en discuter avec lui, il devait venir dans les jours suivants. – Il vint – je lui parlai – le résultat fut (parce que je ne m'*expliquai* * pas aussi clairement qu'il l'aurait souhaité) – qu'il intima à la mère l'ordre de m'interdire toutes relations avec sa fille avant de m'être mis d'accord avec lui par écrit. – La mère dit : ses seuls rapports tiennent à ce qu'il vient chez moi – je ne peux lui interdire ma porte – c'est un trop bon ami – et un ami envers lequel j'ai de nombreuses *obligations* *. – Je suis satisfaite, et lui fais confiance – arrangez-vous avec lui. – Il m'interdit donc tout rapport avec elle si je ne m'engageais par écrit. – Que me restait-il d'autre à faire? – donner une *légitimation* * écrite, ou – abandonner la jeune fille. – Celui qui aime sincèrement et de façon *solide** peut-il quitter sa bien-aimée? – La mère, la bien-aimée elle-même ne pourraient-elles pas en tirer une conclusion infâme? – Voilà la situation dans laquelle j'étais. Je rédigeai donc un écrit, disant *que je m'engageais à épouser Mad*[selle] ** Constance Weber dans le délai de 3 ans; que si je me trouvais dans l'impossibilité de le faire et que je change d'avis, elle devrait recevoir de moi 300fl. chaque année.* – Rien au monde ne m'était plus facile à écrire – sachant que je n'en arriverais jamais à devoir payer ces 300 fl. – puisque je ne la quitterais jamais. -- Et si je devais par malheur changer d'avis – je devrais m'estimer heureux de m'en libérer pour 300 fl. –

D'ailleurs, Constanze, comme je la connais, serait trop fière pour se laisser vendre. – Mais que fit cette céleste créature lorsque le tuteur fut parti ? – Elle demanda à sa mère l'engagement – et me dit : *Cher Mozart! Je n'ai pas besoin de votre assurance écrite, je vous crois sur parole ;* – et elle déchira le papier. – Ce trait m'a rendu ma chère Constanze encore plus précieuse. – Donc, par cet encaissement de l'engagement écrit et par la promesse du tuteur, sur *parole d'honneur**, de garder la chose pour lui, j'étais, mon excellent père, en partie rassuré à votre sujet. – Car pour ce qui est de votre accord, en son temps, sur ce mariage (comme c'est une jeune fille à laquelle il ne manque que l'argent), je n'avais pas peur - - je connais votre sage manière de penser dans ce cas.

Me pardonnerez-vous ? – Je l'espère ! – Je n'en doute nullement. Maintenant, je dois parler de ces vauriens (bien que cela me répugne).

M. Reiner n'a, je crois, pas eu d'autre maladie que la tête un peu dérangée. – Je l'ai vu par hasard au théâtre où il m'a remis une lettre de Ramm. Je lui demandais où il *logeait**, mais il répondit qu'il ne saurait me dire ni la rue ni la maison. Il se plaignit de s'être laissé convaincre de venir ici ; je lui *offris** de le conduire chez la comtesse et de l'introduire partout où j'avais mes *entreès** ; je lui dis que s'il ne pouvait pas donner de concert, je l'accompagnerais sûrement chez le grand-duc. – Mais il dit : Pà – il n'y a rien à faire ici, je vais tout de suite repartir. – Ayez un peu de patience – comme vous ne pouvez me donner l'adresse de votre *logis**, je vais vous donner la mienne, elle est simple à trouver. – Mais je ne le revis pas. – Je *m'informais** à son sujet – mais lorsque je le découvris, il était déjà reparti. – Assez sur ce monsieur. – *Winter*, s'il méritait le nom d'homme (étant marié) ou au moins d'être humain, je pourrais dire qu'il a toujours été mon pire ennemi, et cela, à cause de Vogler. – Mais comme il n'est qu'une bête dans sa manière de vivre, et un enfant dans son attitude et dans tous ses actes, j'aurais en vérité bien honte d'écrire quoi que ce soit à son sujet; car il ne mérite que le mépris total de tout homme d'honneur. – Donc, je ne veux pas répondre de vérités *infâmes** (en réponse à des mensonges *infâmes**) à son sujet, mais – simplement vous informer de mes faits et gestes. – Tous les jours, à 6 heures, mon coiffeur vient et me réveille. – Je suis complètement habillé à 7 heures. – Puis, j'écris jusqu'à 10 heures. – À 10 heures, j'ai une leçon chez Mme v. Trattner, à 11 heures chez la comtesse Rumbeke, chacune me paye 6 ducats pour 12 leçons. – Et j'y vais *tous les jours* – sauf si elles me font décommander – ce que je n'aime guère. Avec la comtesse, je me suis déjà arrangé pour qu'elle ne me fasse jamais décommander; si je ne la trouve pas, j'ai malgré tout mon *billet**, mais la Trattnerin est trop *économe** pour cela. – Je n'ai pas un kreutzer de dettes vis-à-vis de quiconque. – Je ne suis pas au courant d'un concert d'amateurs où il y avait deux pianistes qui jouaient bien. – Et je dois franchement vous dire que cela ne vaut pas la peine pour moi de répondre à toutes les ordures qu'un tel vaurien et misérable bousilleur peut avoir racontées, il se ridiculise lui-même. – Si vous croyez que je suis détesté à la cour et auprès de toute la noblesse, ou de la moitié, écrivez à M. v. *Strack* – la comtesse *Thun* – la comtesse *Rumbeke* – la baronne *Waldstätten* – M. v. Sonnenfels – Mme v. Trattner – *enfin**, à qui vous voulez.

En attendant, je vous dirai simplement que récemment, l'empereur a fait, à table, les plus grands *éloges* * à mon sujet, en ajoutant : *c'est un talent decidè* *. – Et avant-hier, le 24, j'ai joué à la cour. – Il y a ici un autre pianiste, un Italien, il s'appelle *Clementi*. – Il y était aussi convié. – Hier, on m'a envoyé 50 ducats pour cela, dont j'ai bien besoin actuellement. – Mon père chéri et excellent. – Vous verrez que cela ira mieux pour moi, petit à petit. – À quoi servent le bruit infernal – la chance rapide – cela ne dure pas. – *Chi va piano va sano*. – Il faut vivre selon ses moyens. – Parmi toutes les vilenies répandues par *Winter*, rien ne m'irrite plus que le fait qu'il qualifie ma chère Constanze de friponne. – Je vous l'ai décrite telle qu'elle est – si vous voulez entendre l'opinion d'autres gens, écrivez à M. v. Auernhammer chez qui elle s'est rendue à plusieurs reprises et où elle a déjeuné une fois. – Écrivez à la baronne Waldstätten qui l'a hébergée un mois (hélas trop court) parce qu'elle – cette dame – est tombée malade – et maintenant, sa mère ne veut plus la lâcher. – Dieu fasse que je puisse bientôt l'épouser. – Ceccarelli vous fait ses compliments ; il a chanté hier à la cour. – Au sujet de *Winter*, il faut encore que je vous dise une chose. – Il m'a notamment dit un jour, entre autres : – vous n'êtes pas malin de vous marier. – Vous gagnez assez d'argent, vous le pourriez bien ; prenez donc une *maîtresse* *. – Qu'est-ce qui vous en empêche ? – Une petite m... de religion ? – Maintenant, croyez donc ce que vous voulez. *Adieu* * Je vous baise 1000 fois les mains, embrasse ma chère sœur de tout cœur et suis à jamais votre

fils très obéissant
W : A : Mozart

L'adresse de Mme la baronne est
À Madame
Madame La Baronne de Waldstaetten
née de scheffer. à
Leopoldstadt N° 360. Vienne. *

Ici intervient le tuteur de Constanze, Johann Thorwart, et resurgissent des rumeurs que seul le mariage réussira à étouffer.

La crise entre Mozart et son père ne s'est pas prolongée, mais il semble qu'elle ait été suffisamment grave pour les priver, au terme de l'année 1781, de leurs vœux réciproques.

MOZART À SON PÈRE À SALZBOURG

À / Monsieur / Monsieur Leopold / Mozart maitre de la Chapelle / à / Salzbourg *

Vienne ce 9 Janvier 1782 *

Mon trés cher Pére *!

Je n'ai pas encore de réponse à ma dernière lettre et c'est la raison pour laquelle je ne vous ai pas écrit au dernier courrier. – Mais j'espère recevoir aujourd'hui même une lettre de vous. – Comme (sans le savoir) j'ai par avance déjà répondu en partie dans ma dernière lettre à la vôtre *du 28 déc[bre]**, il me faut maintenant attendre votre missive. –

Entre-temps, je dois vous annoncer que le pape va venir ici ; toute la ville en parle. – Mais je n'y crois pas ; car le comte Cobenzl m'a dit que l'empereur n'accepterait pas cette *visite**. – La cour de Russie est partie le 5. – Je suis déjà allé personnellement chez Peisser voir s'il n'était pas arrivé une lettre de vous ; et je viens d'y envoyer à nouveau quelqu'un – il va être cinq heures. – Je ne comprends pas pourquoi je ne reçois pas de lettre ! – Seriez-vous tellement fâché contre moi ? – Que-je vous aie si longtemps caché la chose, vous pouvez l'être, vous avez raison. Mais si vous avez lu mes excuses à ce sujet, vous pouvez bien me pardonner. – Et que je pense à me marier, là, vous ne pouvez pas en être fâché ? – Je crois que vous y reconnaissez au mieux mon amour de la religion et mes bonnes intentions. – Oh ! je pourrais répondre à bien des points de votre dernière lettre et émettre de nombreuses objections ; mais ma *maxime** est que ce qui ne m'atteint pas ne vaut pas la peine que j'en parle. – Je n'y peux rien, je suis ainsi. – J'ai honte au plus haut point de me défendre lorsque je suis accusé à tort – je pense toujours que la vérité finira par éclater au grand jour. – Bref – je ne peux rien vous dire de plus sur cette affaire car je n'ai toujours pas de réponse à ma dernière lettre. – Je ne sais rien de neuf, donc, portez-vous bien. – Je vous demande encore une fois pardon – et vous prie d'être compréhensif et compatissant avec moi ; – sans ma chère Constanze, je ne peux être heureux ni joyeux – et sans que vous en soyez satisfait, je ne le serai qu'à moitié. – Rendez-moi donc tout

à fait heureux, mon père chéri et excellent! Je vous en prie. – Je suis
à jamais votre

fils très obéissant
WA Mozart

P.S. : J'embrasse 1 000 fois ma chère sœur de tout cœur. – Dans la Sonate pour 2 claviers, Mlle v. Auernhammer a joué la première partie.

MOZART À SON PÈRE À SALZBOURG

À / Monsieur / Monsieur Leopold Mozart / maitre de la Chapelle / de et à / Salzbourg *

Vienne ce 16 de Janvier 1782 *

Mon trés cher Père *!

Je vous remercie pour votre lettre compréhensive et affectueuse! – Si je voulais vous répondre en détail sur tout, je devrais écrire toute une main de papier. – Mais comme c'est impossible, je ne répondrai qu'au principal. Le tuteur se nomme M. v. Thorwart – il est inspecteur de la garde-robe des théâtres – en un mot, tout ce qui concerne le théâtre doit passer par lui. – C'est aussi par lui que j'ai reçu les 50 ducats de l'empereur. – C'est à lui que je me suis adressé au sujet d'une académie au théâtre, car le principal dépend de lui, par ailleurs le comte Rosenberg et le baron Kienmayr le tiennent en très haute estime. – Je dois avouer que j'ai moi-même pensé qu'il vous dévoilerait toute l'affaire sans m'en toucher mot ; – qu'il ne l'ait pas fait mais (en dépit de sa parole d'honneur), qu'il l'ait révélée dans toute la ville de Vienne, cela a beaucoup ébranlé la bonne opinion que j'avais de lui. – Que *Madme** Weber et M. v. Thorwart aient péché par une trop grande envie de sécurité pour eux-mêmes, je vous le concède volontiers, encore que, *Madame** ne soit plus maîtresse d'elle-même et doive, surtout dans de telles affaires, totalement s'en remettre à la volonté du tuteur ; et celui-ci (comme il ne me connaissait pas) n'avait vraiment aucune raison de me faire confiance. – Mais – en exigeant un engagement par écrit – il a fait preuve de précipitation. – C'est incontestable. – Surtout que je lui avais dit que vous n'en saviez rien et qu'il m'était impossible de vous révéler l'affaire immédiatement – que je lui demandais de patienter pendant une brève période, jusqu'à ce que mes affaires prennent un autre tour, qu'alors je vous écrirais tout et que toute l'affaire rentrerait dans l'ordre. – Mais – tout cela est maintenant du passé ; – et l'amour sera mon excuse. – Toutefois, M. v. Thorwart a commis une faute ; – mais elle n'est pas grave au point de leur faire balayer les rues, à lui et à *Madme** Weber, enchaînés et portant au cou un écriteau avec les mots *corrupteurs de la jeunesse.* C'est exagéré également. Même si ce que vous avez écrit était vrai, qu'on m'ait ouvert toutes les portes, laissé toute liberté à la maison, offert toutes sortes d'occasions, etc., etc., la punition serait encore trop forte. – Mais je n'ai pas besoin de vous dire qu'il n'en a rien été ; – il m'est assez pénible de croire que vous puissiez penser que votre fils *fréquenterait** une maison où les choses iraient ainsi. – Je veux seulement vous dire que c'est justement le contraire qu'il vous faut croire. – Assez là-dessus. –

Passons à *Clementi*. – C'est un brave claveciniste. – Mais c'est bien tout. – Il a une grande agilité dans la main droite. – Ses meilleurs *passages** sont les tierces. – Par ailleurs, il n'a pas ni goût ni sentiment pour un kreutzer. – Un simple *Mechanicus.*

L'empereur (après suffisamment de *compliments** réciproques) décida que ce serait *lui* qui commencerait à jouer : *La Santa Chiesa catholica,* dit-il, parce que Clementi est romain. – Celui-ci préluda, et joua une sonate – puis l'empereur me dit : *allons**, en avant. – Je préludai également et jouai des variations. – Puis la grande-duchesse apporta des sonates de Paisiello (misérablement écrites de la main de ce dernier), je dus en jouer l'*allegro* et lui l'*Andante* et *Rondò.* – Puis nous en prîmes un thème et nous le développâmes sur 2 *piano forte.* – Il faut noter que j'avais emprunté pour moi le *piano forte* de la comtesse Thun, mais je n'ai joué dessus que lorsque j'étais seul. – Parce que l'empereur le voulait ainsi. – Et *NB,* l'autre était désaccordé, et 3 touches étaient bloquées. – *Cela ne fait rien,* dit l'empereur ; je le prends ainsi, et du bon côté, car du fait que l'empereur connaît mon art et mon adresse en musique, il a voulu simplement faire plus d'honneur à l'étranger. – Par ailleurs, je sais de très bonne source qu'il a été très content. L'empereur a été fort aimable avec moi et m'a longuement parlé en privé. – Il m'a également parlé de mon mariage. – Qui sait – peut-être – que croyez-vous ? – On peut toujours essayer. –

Plus une autre fois. – Portez-vous bien. Je vous baise 1 000 fois les mains, embrasse ma chère sœur de tout cœur et suis à jamais votre

fils très obéissant
W.A. Mozart

MOZART À SON PÈRE À SALZBOURG

À / Monsieur / Monsieur Leopold Mozart / maitre de la Chapelle de S : A : R : / l'archeveque de et à /* Salzburg.

*Vienne ce 30 de Janvier 1782**

Mon trés cher Pére!*

Je vous écris en toute hâte, et à 10 heures et demie du soir; je me réservais de vous écrire samedi, mais ayant à vous demander quelque chose de très important, j'espère que vous ne m'en voudrez pas de vous écrire si peu. – Je vous prie donc de m'envoyer (avec la prochaine lettre) un livret d'*Idomenèe** (que ce soit avec ou sans traduction allemande). –

J'en ai prêté un à la comtesse Thun – elle a déménagé et ne le retrouve plus – sans doute est-il perdu. – La Auernhammer avait l'autre – elle l'a cherché mais pas encore retrouvé. – Peut-être mettra-t-elle la main dessus – mais sinon – surtout maintenant où j'en ai besoin, je suis dans l'embarras. – Pour jouer la sécurité, je vous prie donc de me l'envoyer tout de suite, peu importe le coût – j'en ai besoin immédiatement pour préparer mon académie. Et elle aura lieu dès le 3e dimanche de Carême. – Je vous prie donc de me l'envoyer sans délai. –

J'enverrai les sonates par la prochaine malle de poste. L'opéra ne dort pas mais – est retardé à cause des grands opéras de Gluck et des nombreuses modifications tout à fait nécessaires apportées à la *poésie**; on le donnera tout de suite après Pâques. –

Je dois maintenant m'arrêter. – Encore une chose (car sans cela, je ne pourrais pas dormir tranquille). – N'attribuez pas de si mauvaises pensées à ma chère Constanze – croyez à coup sûr que je ne pourrais pas l'aimer si elle avait un tel état d'esprit. – Elle et moi – nous avons remarqué depuis longtemps les visées de la mère – mais elle devra bien déchanter. – En effet, elle aimerait (lorsque nous serons mariés) nous fournir en logement (parce qu'elle a des *quartiers** à louer) – mais il n'en sera rien. – Je ne le voudrais jamais, et ma Constanze encore moins. – *O Contraire** – elle envisage de se montrer le moins possible chez sa mère, et je ferai tout mon possible pour qu'il en soit ainsi. – Nous la connaissons. – Très cher, excellent père ; – je ne souhaite rien plus que vous rencontrer avec elle afin que vous la voyiez et – l'aimiez – car vous aimez les bons cœurs, je le sais. – Portez-vous bien, très cher, excellent père ! – Je vous baise 1 000 fois les mains et suis à jamais votre

fils très obéissant
W. A. Mozart

J'embrasse ma chère sœur
de tout cœur. – Je n'oublierai
pas les variations.

MOZART À SON PÈRE À SALZBOURG

Vienne ce 27 juillet 1782 *

Mon trés cher Pére *!

Vous allez ouvrir de grands yeux en ne voyant que le premier *Allegro ;* mais – je n'ai pu faire autrement – il m'a fallu écrire rapidement une *musique** de nuit, mais uniquement pour harmonie (sinon, j'aurais pu l'utiliser pour *vous*). – Mercredi 31, j'enverrai les 2 Menuets, *l'Andante* et le dernier mouvement. – Si je le peux – j'enverrai aussi une *marche* * – sinon, il vous faudra jouer celle de la *Musique** Haffner (qui est *très* peu connue) –

Je l'ai écrite en ré majeur puisque vous le préférez. – Mon *opera* a été donné hier pour la troisième fois, avec grand *applauso,* en l'honneur de toutes les Nannerl. – Et le théâtre était une nouvelle fois bondé, malgré la chaleur atroce. – Vendredi prochain, il sera repris – mais j'ai *protesté* * – car je ne veux pas qu'on le rabâche ainsi. – Les gens sont, je peux le dire, vraiment fous de cet opéra. – Cela fait vraiment du bien de recueillir un tel succès. – J'espère que vous en aurez bien reçu l'original. Très cher, excellent père ! – il faut que je vous demande, que je vous prie pour tout au monde : donnez-moi votre accord pour que j'épouse ma chère Constanze. – Ne croyez pas que ce soit uniquement pour le mariage – car là, je pourrais volontiers attendre. – Mais je vois que c'est absolument nécessaire pour mon honneur, pour l'honneur de ma fiancée, pour ma santé et pour mon état d'âme. – Mon cœur est agité, mon esprit troublé – comment penser à des choses sérieuses et travailler ? – d'où cela vient-il ? – La plupart des gens pensent que nous sommes déjà mariés – sa mère s'en emporte – et la pauvre fille est maltraitée à mort, tout comme moi. – Il est aisé d'y remédier. – Croyez-moi, on peut vivre aussi facilement qu'ailleurs dans cette ville de Vienne si coûteuse, cela dépend seulement de l'économie et de l'ordre. – Et ce n'est jamais le cas pour un jeune homme, surtout s'il est amoureux. – Celui qui a une femme comme celle que j'aurai peut certainement être heureux. – Nous vivrons dans le calme et la paix et serons tout de même joyeux. – Et ne vous faites pas de souci car même si je devais tomber malade, ce dont Dieu me préserve (surtout si je suis marié), je suis prêt à parier que les personnages les plus éminents de la *noblesse** me viendraient en aide. Je peux le dire avec assurance. – Je sais ce que le prince Kaunitz a dit de moi à l'empereur et à l'arch. Maximilian. – J'attends votre consentement avec impatience, mon excellent père – et je l'attends avec assurance – il en va de mon honneur et de mon repos. – Ne repoussez pas trop loin le bonheur d'embrasser bientôt votre fils et sa femme. Je vous baise 1 000 fois les mains et suis à jamais votre

fils obéis.
W.A. Mozart

P.-S. : J'embrasse ma chère sœur de tout cœur. Ma Constanze vous fait à tous deux ses compliments. – *Adieu* *.

MOZART À SON PÈRE À SALZBOURG

À / Monsieur / Monsieur Leopold Mozart / maitre de la Chapelle de S : A : R : / l'archeveque de et à / Salzbourg.*

*Vienne ce 31 de Juillette 1782**

Mon très cher Pére!*

Vous voyez que la bonne volonté est là ; mais lorsqu'on ne peut pas, on ne peut pas ! – Je ne veux pas bâcler. – Je ne pourrai donc vous envoyer toute la symphonie qu'au prochain courrier. – J'aurais pu vous envoyer le dernier mouvement, mais je préfère tout mettre ensemble, cela ne fait qu'une seule dépense ; – ce que je vous ai adressé jusqu'à maintenant m'a déjà coûté 3 florins. –

J'ai reçu aujourd'hui votre lettre du 26, mais une lettre si indifférente, si froide, que je n'attendais certes pas, après que je vous eus annoncé le bon accueil réservé à mon opéra. – Je croyais (d'après mes propres sentiments) que vous auriez fébrilement ouvert le *pacquet**, à force de curiosité, pour découvrir rapidement l'œuvre de votre fils qui à Vienne (non seulement plaît tant) mais fait tant de bruit qu'on ne veut rien entendre d'autre ; de sorte que le théâtre pullule toujours de monde. – On l'a donné hier pour la 4e fois et on le redonne vendredi. – Mais – vous n'aviez pas le temps – – – tout le monde affirme que par mes fanfaronnades, mes critiques, je me mets à dos les *professori* de musique et bien d'autres personnes ! –

Quel est ce monde ? – Sans doute le monde de Salzbourg ; – car quiconque est ici – peut à l'envi constater de ses propres yeux et de ses oreilles que c'est tout le contraire; – et ce sera ma réponse là-dessus. – Entre-temps, vous aurez reçu ma dernière lettre; – et je ne doute absolument pas de recevoir, avec votre prochaine lettre, votre consentement à mon mariage; – vous ne pouvez rien y objecter – et ne l'avez naturellement pas fait! – Vos lettres me le prouvent – car c'est une honnête et brave jeune fille, de bonne famille, – je suis en mesure de gagner son *pain* – nous nous aimons – et nous nous désirons; – tout ce que vous m'avez écrit et pourriez encore m'écrire – ne serait – *que conseils bien-pensants!* – qui, aussi jolis et justes qu'ils soient, ne conviennent plus à un homme engagé à ce point auprès d'une jeune fille; – il n'y a donc rien à différer. – Mieux vaut mettre ses affaires en ordre – et être un honnête garçon! – Dieu récompensera toujours cela; – je ne veux rien avoir à me reprocher. –

Maintenant, portez-vous bien, je vous baise 1000 fois les mains et suis à jamais votre

fils très obéissant
W.A. Mozart

P.S. : J'embrasse ma chère sœur de tout cœur.
*Adieu**.

MOZART À SON PÈRE À SALZBOURG

*Vienne ce 7 d'août 1782**

Mon trés cher Pére!*

Vous vous êtes bien trompé sur le compte de votre fils si vous avez pu penser qu'il serait capable de commettre une mauvaise action. –

Ma chère Constanze, désormais (Dieu merci) ma véritable épouse, connaissait ma situation et tout ce que je peux attendre de vous, et l'avait, depuis longtemps déjà, appris de ma bouche. – Mais son affection et son amour pour moi étaient si grands – qu'elle sacrifia volontiers et avec le plus grand plaisir toute sa vie future – à mon destin. – Je vous baise les mains et vous remercie avec toute l'affection qu'un fils a jamais ressentie pour un père, pour le consentement que vous avez eu la bonté de m'accorder et pour votre bénédiction paternelle. – Mais je pouvais pleinement compter sur elle! – car vous saviez que je ne connaissais que trop bien toutes les objections qu'on peut toujours émettre à l'encontre d'une telle démarche; – et aussi, que sans blesser ma conscience et mon honneur, je ne pouvais agir autrement – je pouvais donc compter sur elle à coup sûr! – C'est la raison pour laquelle, ayant attendu en vain une réponse de vous pendant 2 courriers et la *copulation** étant fixée à une date (où je savais que tout devait être en ordre) – je me suis fait unir à ma bien-aimée au nom de Dieu, sûr de votre accord et en toute confiance. Le lendemain, je reçus vos 2 lettres ensemble, maintenant, c'est fait! – je vous demande simplement pardon de ma trop rapide confiance en votre amour paternel; – par mon aveu sincère, vous avez une nouvelle preuve de mon amour pour la vérité et de mon horreur du mensonge. – Ma chère épouse demandera au prochain courrier la bénédiction paternelle de son excellent beau-père, et à sa belle-sœur bien-aimée de lui conserver à l'avenir son amitié si précieuse. – Personne n'a assisté au mariage si ce n'est la mère et la plus jeune sœur. – M. v. Thorwart en tant que tuteur et témoin de nous deux ; M. v. Cetto (conseiller de province), témoin de la mariée ; et Gilowsky, mon témoin. – Lorsque nous fûmes unis, ma femme se mit à pleurer, et moi aussi ; – tout le monde en fut ému, même le prêtre. – Et tout le monde pleura devant l'émotion de nos cœurs. – Tout notre *festin** de mariage consista en un *soupèe** que nous offrit madame la baronne v. Waldstätten – et qui fut en vérité plus princier que baronnesque. – Maintenant, ma chère Constanze se réjouit encore deux fois plus de faire le voyage à Salzbourg ! – et je parie – je parie – que vous vous réjouirez de mon bonheur lorsque vous aurez fait sa connaissance ! – et si par ailleurs à vos yeux comme aux miens une femme bien-pensante, honnête, vertueuse et aimable peut faire le bonheur de son mari. –

Je vous envoie ici une brève marche ! – Je souhaite simplement que tout arrive en temps et en heure – et soit à votre goût. – Le premier *Allegro* doit être joué avec beaucoup de feu – le dernier – aussi vite que possible. – Mon opéra a été redonné hier (et ce à la demande de Gluck !) – Gluck m'en a fait beaucoup de *compliments**. Demain, je déjeune chez lui. – Vous voyez combien je dois me dépêcher. *Adieu**. Ma chère femme et moi vous baisons 1 000 fois les mains, embrassons tous deux notre chère sœur de tout cœur, et je suis à jamais votre

fils très ob.
W.A. Mozart

La belle-mère de Mozart louait des chambres. Elle n'aurait pas dédaigné voir le couple en occuper certaines, mais il fuit la venimeuse mégère.

MOZART À SON PÈRE À SALZBOURG

À / Monsieur / Monsieur Leopold Mozart maitre / de la Chapelle de S : A : R : l'arch=/=Eveque de et à / Salzbourg.*

*Vienne ce 31 august 1782**

*Mon Trés cher Pére**

Vous ne comprenez pas comment je peux me flatter de devenir *Maestro* de la princesse ? – Salieri n'est vraiment pas en mesure de *lui* enseigner le piano ! – il pourrait seulement s'efforcer de me nuire dans cette affaire par l'entremise de quelqu'un d'autre – cela se pourrait bien ! – par ailleurs, l'empereur me connaît ; – la dernière fois déjà, la princesse aurait bien aimé prendre des leçons avec moi ; – et je sais que dans le livre où sont inscrits les noms de tous ceux qui sont destinés à la servir, le mien est noté également. – Le chevalier

Hippolyte ne s'est pas encore montré chez moi. Vous dites que je ne vous ai pas écrit à quel étage nous habitons? – Cela m'est en vérité resté dans la plume; je vous annonce donc que j'habite au 2e étage, – mais je ne vois pas – comment vous est venue l'idée que Mme ma très honorée belle-mère pourrait aussi y *loger**. – Car je n'ai pas épousé si vite ma bien-aimée pour vivre dans la contrariété et la discorde, mais pour jouir du calme et du bonheur! – et cela n'a pu se faire d'aucune autre manière qu'en se libérant de cette maison. Depuis notre mariage, nous lui avons fait 2 *visites** – mais lors de la seconde, il y eut à nouveau des disputes et des discussions, de sorte que ma pauvre femme se mit à pleurer – je mis fin à la querelle en disant qu'il était temps de rentrer; et depuis, nous n'y sommes plus retournés, et ne nous y rendrons plus tant qu'il n'y aura pas un anniversaire ou une fête de la mère ou des deux sœurs à célébrer. – Vous m'écrivez que je ne vous ai pas dit quel jour nous nous sommes mariés – et je dois vous en demander pardon; – ou bien votre mémoire vous a trompé cette fois, et vous n'avez qu'à vous donner la peine de chercher parmi mes lettres celle du 7 août où vous trouverez en toutes lettres que nous sommes allés nous confesser le jour de Portioncule et nous sommes mariés le dimanche suivant, le 4. – Ou alors, vous n'avez pas reçu cette lettre, ce qui ne se peut guère non plus, car vous avez reçu la marche qui y était jointe et m'avez répondu sur divers points à ce sujet. – Je dois maintenant vous demander quelque chose; – la baronne Waldstätten va partir et aimerait avoir un bon petit *pianoforte;* je ne me rappelle plus le nom du facteur de pianos de Zweibrücken, et je voudrais vous demander d'en commander un chez lui; – mais il faudrait qu'il soit livré sous un mois ou 6 semaines au plus; et qu'il coûte le même prix que celui de l'archevêque. – Je voudrais aussi vous demander de m'envoyer des langues de Salzbourg à la prochaine occasion ou diligence (si c'est possible à cause de la douane). – Je dois beaucoup à Mme la baronne, et le *discours** a porté un jour sur les langues. Elle déclara qu'elle aimerait bien en goûter un jour, et je me suis *offert** à lui en procurer. – Si vous étiez en mesure de m'envoyer autre chose qui soit pour elle une rareté, vous m'obligeriez bien, en vérité. – J'aimerais lui faire ce genre de plaisir; je peux vous rembourser les frais par Peisser ou garder l'argent jusqu'à notre prochaine rencontre. –

Pourrais-je avoir des Schwarzreiter? – Portez-vous bien maintenant, ma femme et moi vous baisons 1 000 fois les mains, embrassons de tout cœur notre chère sœur et sommes à jamais

votre fille très obéissante
et votre fils très obéissant
Wolfgang et Constanze
Mozart

P.S. : Si jamais vous écrivez à la petite cousine, transmettez-lui notre compliment à tous les deux. *Addio.*

LETTRES À CONSTANZE

Des quatre filles connues (dans une lettre qu'il adresse à son père le 17 janvier 1778, Mozart fait allusion à une cinquième fille dont on n'a jamais retrouvé nulle trace) que Fridolin Weber eut de son mariage avec Maria Caecilia Stamm, Mozart s'éprit de la cadette, Aloisia, puis de sa benjamine, Constanze.

La première avait seize ans et une voix ensorcelante lorsqu'il fit sa connaissance en 1777. Mais aux marques de son ravissement et à ses prières amoureuses, elle ne répondit que par un froid dédain ; la seconde, « celle qui a le meilleur cœur, la plus habile, en un mot, la meilleure », deviendra sa femme.

Mozart est un amoureux bouillant et impatient, les convenances l'encombrent, il les néglige. Toutefois, elles finissent par le rattraper. L'assiduité qu'il met à visiter Constanze hors de tout engagement officiellement légalisé contrevient quelque peu aux conventions et suscite toutes sortes de rumeurs outrées.

À la mort de son père en 1779, Constanze, encore mineure, est placée sous la tutelle de Johann Thorwart, fonctionnaire de la cour de Vienne. C'est lui qui, ayant eu vent de la scabreuse situation dans laquelle l'empressement de Mozart a placé sa pupille, impose au galant de se déclarer officiellement, par écrit, à épouser la belle. Cependant, une fois l'importun éloigné, Constanze déchire le prosaïque document en déclarant à Mozart : « Je n'ai pas besoin de votre assurance écrite, je vous crois sur parole. »

MOZART DANS LE LIVRE DE PRIÈRES DE SA FIANCÉE

[Vienne, 1781]

Celui qui a retourné toutes les images de ce petit livre et écrit quelque chose sur chacune d'elles est un ------, n'est-ce pas, Constanze ?

Il n'en a épargné qu'une seule, car il a constaté qu'elle était en double – et a donc l'espoir de se la voir offrir en souvenir ; qui donc flatte de cela ? ----

Trazom – et de qui espère-t-il la recevoir ?

De Znatsnoc.

Ne soyez pas si pieuse, bonne nuit.

MOZART À CONSTANZE WEBER À VIENNE

À / Mademoiselle / Mademoiselle Marie Constance / de Weber, / à / Son logis *

[Vienne], le 29 avril 1782

Très chère, excellente amie ! –

Me permettrez-vous encore de vous donner ce nom ? – Vous ne me haïrez pas au point que je ne sois plus autorisé à être votre ami, et vous – plus mon amie ? – et – même si vous ne souhaitez plus l'être, vous ne pouvez tout de même pas m'empêcher de penser du bien de vous, mon amie, comme j'y suis déjà habitué. – Réfléchissez bien à ce que vous m'avez dit aujourd'hui. – Vous m'avez éconduit par 3 fois (malgré mes prières) et dit en face que vous ne vouliez plus avoir affaire à moi. – Moi, à qui il n'est pas égal comme à vous de perdre l'objet de mes amours, je ne suis pas suffisamment emporté, irréfléchi et insensé pour accepter d'être – éconduit. – Je vous aime trop pour franchir ce pas. – Je vous prie donc encore une fois de bien réfléchir à la cause de toute cette malheureuse affaire et de bien peser pourquoi j'ai critiqué votre fâcheuse inconscience qui vous faisait raconter à vos sœurs – *Nota bene* en ma présence – que vous vous étiez fait mesurer les mollets par un *chapeaux**. – Une femme qui tient à son honneur ne fait pas cela. – La *maxime** selon laquelle on doit faire comme les autres, en compagnie, est fort bonne. – Mais il convient de considérer bien des à-côtés. – Si je ne suis qu'avec de bons amis et de bonnes connaissances ? – Si je suis une enfant ou déjà une jeune fille en âge de se marier – et surtout si je suis une fiancée engagée ? – Mais par-dessus tout si les gens sont tous de mon niveau social, ou d'une classe inférieure – et surtout s'il y en a d'une classe plus distinguée ? – Si la baronne se l'est vraiment fait faire, c'est tout autre chose car elle est déjà une femme sur le retour (qui ne saurait plus aguicher).

– Et de toute façon, elle est amateur du *etcaetera.* – J'espère, très chère amie, que vous ne voudrez jamais mener une telle vie, même si vous n'acceptez pas d'être ma femme. – Si vous n'avez pu résister à l'envie de faire comme les autres (bien que *faire comme les autres* ne convienne pas toujours à un homme, et encore moins à une femme), vous auriez dû prendre le ruban, au nom de Dieu, et vous mesurer *vous-même* les mollets (comme *toutes les femmes d'honneur* l'ont toujours fait, dans ce cas, en ma présence) et non pas le laisser faire par un *chapeau**. – Moi – je – ne vous aurais jamais fait cela – *en présence d'autres personnes* – Je vous aurais remis le ruban en main. – Vous auriez d'autant moins dû l'accepter d'un étranger – qui ne vous est rien. – Mais cela est du passé. – Un petit aveu que votre attitude a été alors quelque peu irréfléchie aurait tout remis en place. – Et – si vous n'êtes pas fâchée, très chère amie – tout pourrait encore s'arranger. – Vous constatez ici combien je vous aime. – *Je ne m'emporte pas comme vous;* – je pense – je réfléchis – et je ressens. – *Sentez – ayez du sentiment* – ainsi, je suis sûr de pouvoir dire aujourd'hui même : Constanze est la bien-aimée vertueuse, jalouse de son honneur – raisonnable et fidèle de son bien intentionné

Mozart

Mozart reproche ici à Constanze sa légèreté, et puis l'hypocrite épistolier adresse des galanteries à une baronne… En vérité, cette respectable dame de douze ans

plus âgée que Mozart, fut un généreux mécène du compositeur. Elle semble d'ailleurs avoir favorisée son mariage avec Constanze et reçut les époux après la cérémonie religieuse à un souper « plus princier que Baronnesque ». Il ne s'agit donc pas de voir dans le ton de cette lettre autre chose qu'une manière de plaisanterie amicale.

MOZART À LA BARONNE MARTHA ELISABETH VON WALDSTÄTTEN À VIENNE

*À / Madame / Madame La Baronne / de Waldstaetten née de / Schœffer / à / Leopoldstatt / N : 360**.

[Vienne, peu avant le 4 août 1782]

Très honorée Madame la Baronne!

J'ai reçu mes partitions de musique par la servante de *Mad*[me]* Weber et ai dû en donner une quittance écrite. – La servante m'a confié quelque chose qui, à mon sens, ne saurait survenir car ce serait une *prostitution**, pour toute la famille, mais qui devient toutefois possible lorsqu'on connaît la sotte *Mad*[me]* Weber, et qui me soucie donc. – Sophie est sortie en larmes – et lorsque la servante lui en demanda la raison, elle répondit : – Dis en secret à Mozart qu'il fasse en sorte que Constanze revienne à la maison, car ma mère veut *absolument** la faire chercher par la police! – La garde peut-elle ici pénétrer dans chaque maison? – Peut-être n'est-ce qu'un piège pour la faire retourner chez elle. – Mais si cela était possible, je n'aurais pas de meilleure solution que d'épouser Constanze demain matin – et si possible aujourd'hui même. – Car je ne voudrais pas exposer ma bien-aimée à cette honte – et, devenue ma femme, – elle serait à l'abri. – Autre chose encore : – Thorwart est attendu aujourd'hui chez la mère. – Je prie votre Grâce de me donner son conseil bienveillant – et de nous aider, nous autres, pauvres diables. – Je suis toujours à la maison. – Je vous baise 1 000 fois les mains et suis

votre plus fidèle serviteur
W.A. Mozart

En grande hâte. Constanze ne sait *rien* encore. M. v. Thorwart a-t-il rendu visite à votre Grâce ? – Est-il nécessaire que nous allions tous les 2 le voir après le repas ? –

Lorsqu'il épouse Constanze Weber le 4 août 1782 à la cathédrale Saint-Étienne de Vienne, Mozart est âgé de vingt-six ans. L'année précédente, après avoir présenté à Munich son opéra Idomeneo, *il rejoint à Vienne son employeur, le prince-archevêque de Salzbourg, qui y séjourne temporairement. Il en profite pour reprendre contact avec la famille Weber, s'éprend de Constanze et s'agace avec de moins en moins de retenue de ses envahissantes obligations auprès du prince-archevêque. Ce dernier le somme de regagner Salzbourg où il occupe depuis 1779 la charge d'organiste de la cour et de la cathédrale. Mozart refuse sans ménagement et donne sa démission. Après quelques vicissitudes, notamment avec son père qui accueille la nouvelle avec beaucoup de consternation, sa décision finit par être acceptée. Il vit désormais en donnant des leçons de piano, travaille à la composition de* L'Enlèvement au sérail *– créé en juillet 1782, l'opéra constitue son plus important succès – et jouit de sa proximité avec Constanze, dans la maison de laquelle il loue même une chambre entre mai et septembre 1781.*

Les vives tensions qui affectent les relations du père et du fils, après que ce dernier lui a fait part de son désir d'épouser Constanze, se sont apaisées.

Entre 1782 et 1791, l'année de sa mort, il compose ses opéras les plus fameux, est admis en 1784 apprenti à la loge maçonnique « À la Bienfaisance », puis, quelques semaines plus tard, comme compagnon à celle de « À la Vraie Concorde ».

Cependant, si Mozart est abondamment sollicité, c'est d'abord de l'étranger qu'émanent les commandes et que sa musique déclenche le plus d'enthousiasme. Les lettres présentées ici, toutes adressées à Constanze et dans lesquelles les tendres déclarations alternent avec les allusions les plus licencieuses, ont été écrites à l'occasion de voyages européens qui prirent souvent des allures de quêtes aux émoluments, la maigre pension dont la cour de Vienne le gratifiait alors étant loin de satisfaire à son train de vie.

Mozart a quitté Vienne le matin même en compagnie du prince Karl Lichnowsky, son élève, pour un voyage qui doit les mener à Berlin et dont la première étape est Prague.

POÈME DE MOZART À VIENNE

[Vienne, avant le 8 avril 1789]

Avant le voyage projeté
Puisque pour Berlin je dois partir
J'en attends certes honneur et gloire
Mais si je ne prête guère attention aux louanges
Tu restes, ô mon épouse, devant tant de flatteries – muette
Quand nous nous reverrons, nous nous couvrirons de baisers
Nous nous étreindrons, ô sublime jouissance
Mais des larmes – larmes de tristesse vont couler
Auparavant encore – et briser nos cœurs et notre sein.

MOZART À SA FEMME À VIENNE

Budwitz [le 8 avril 1789]

Petite femme chérie!

Pendant que le prince est occupé à discuter à propos des chevaux, je saisis avec joie l'occasion de t'écrire quelques mots, petite femme de mon cœur. – Comment vas-tu? – Penses-tu autant à moi que moi à toi? – je contemple ton *portrait* * à chaque instant – et pleure – à moitié de joie, à moitié de tristesse! – Préserve-moi ta santé si précieuse et porte-toi bien, chérie! – Ne te soucie pas à mon sujet car pendant ce voyage, je n'ai aucun désagrément, – aucune contrariété

– aucune sauf ton *absence* – à laquelle, comme il ne peut en être autrement, je ne saurais rien changer ; – j'écris ceci les larmes aux yeux ; – *adieu** – je t'écrirai plus, et plus lisiblement, de Prague, car je ne serai pas aussi pressé – *adieu** – je t'embrasse des millions de fois très tendrement et suis à jamais ton

très fidèle serviteur, jusqu'à la mort
W : A : Mozart

P.S. : Embrasse Carl en
mon nom. –
Bien des choses à M. et Mme von Puchberg. –
Plus une prochaine fois. –

Les deux compagnons sont arrivés la veille à Dresde. Le lendemain, Mozart joue le Concerto en ré majeur *devant le prince électeur Friedrich August III de Saxe et sa cour. En attendant, il écrit des fantaisies vaguement égrillardes à sa femme, souvent surnommée Stanzerl.*

Knallerballer (traduit par « petit pétard », Knallerbse, Knallbonbon, signifiant pétard), est le surnom d'un jeune garnement personnifié dans une opérette, Le Crieur du marché, *de Franz Xaver Süssmayr, probablement un ancien élève de Mozart. « Schluck und Druck ! », qui peut se traduire par « avale et pousse », est une citation d'un canon de Mozart,* Caro mio Druck und Schluck.

MOZART À SA FEMME À VIENNE

Dresde, le 13 avril 1789
À 7 heures du matin

Très chère, excellente petite femme!

Nous pensions être à Dresde samedi après le dîner, mais nous ne sommes arrivés qu'hier, dimanche, à 6 heures du soir, – tant les routes sont mauvaises. –

Je suis allé hier immédiatement chez les Neumann où habite Madme* Duschek, pour lui remettre une lettre de son époux. – C'est au troisième étage, sur le couloir, et on voit de la pièce chaque personne qui arrive. – Alors que je m'approchais de la porte, M. Neumann s'y tenait déjà et demanda à qui il avait l'honneur de parler; – je répondis : je vais tout de suite vous dire qui je suis, mais ayez la bonté d'appeler *Madme** Duschek afin que ma plaisanterie ne manque pas son but. Au même instant, *Mad** Duschek était devant moi car elle m'avait reconnu par la fenêtre et avait tout de suite dit : Voilà quelqu'un qui ressemble à Mozart. – Tout le monde était ravi; – il y avait beaucoup de gens et la compagnie était constituée de femmes en majorité fort laides, mais elles compensaient leur manque de beauté par la vertu; – aujourd'hui, le prince et moi allons y prendre le petit déjeuner, puis nous irons chez Naumann et à la chapelle. – Nous partirons demain ou après-demain pour Leipzig.

Dès réception de cette lettre, écris déjà à *Berlin, poste restante**. J'espère que tu auras bien reçu ma lettre de Prague.

Les Neumann et la Duschek te saluent ainsi que M. et Mme mes beau-frère et sœur Lange. –

Petite femme chérie, que n'ai-je déjà une lettre de toi ! – Si je voulais te raconter tout ce que je fais avec ton cher *portrait*, tu rirais bien souvent. – Par exemple lorsque je le tire de sa prison, je dis : Dieu te bénisse, Stanzerl ! – Dieu te bénisse, Dieu te bénisse ; – coquine ; – petit pétard ; – nez pointu – charmante petite bagatelle – Schluck und Druck ! – Et lorsque je l'y remets, je l'y fais glisser petit à petit en disant Stu ! – Stu ! – Stu ! mais avec une *certaine insistance,* comme l'exige ce mot si plein de sens ; et à la dernière poussée : bonne nuit, petite souris, dors bien. – Je crois avoir écrit ici quelque chose de bien bête (pour tout le monde, du moins) – mais pour nous, qui nous aimons si ardemment, ce n'est sûrement pas si sot ; – c'est aujourd'hui le 6e jour que je t'ai quittée et, par Dieu, j'ai l'impression qu'il y a déjà un an. –

Tu auras sans doute bien du mal à lire ma lettre parce que j'écris en hâte, et par suite, assez mal ; – adieu * chérie, mon unique ! – La voiture est là – il ne faut pas comprendre *bravo,* la voiture est enfin là, mais – *male.* – Porte-toi bien et aime-moi toujours comme je t'aime ; je t'embrasse des millions de fois très tendrement

et suis tjs

ton époux qui t'aime tendrement
W : A : Mozart

P.S. : Comment se comporte notre Carl ?
Bien, j'espère ; – embrasse-le pour moi.

Bien des choses agréables à M. et Mme von Puchberg.

NB. Tu ne dois pas mesurer tes lettres d'après les miennes ; les miennes ne sont un peu courtes que parce que je suis *pressé**, sinon je remplirais tout un feuillet. Mais toi, tu as plus de loisirs. – *Adieu**.

Avant de parvenir à Berlin, but de leur voyage, Mozart et le prince Lichnowsky se sont arrêtés à Leipzig et Potsdam. Le soir de leur arrivée, Mozart assiste à une représentation de L'Enlèvement au sérail *au Théâtre royal. Le 26 mai, il donne un concert à la cour de Prusse devant le roi Frédéric Guillaume II, et est de retour à Vienne le 4 juin.*

MOZART À SA FEMME À VIENNE

Berlin, le 19 mai 1789

Très chère, excellente petite femme de mon cœur ! –

J'espère bien que tu as reçu des lettres de moi, car elles ne se seront pas toutes perdues. – Je ne peux pas écrire beaucoup cette fois, car je dois faire des *visites** ; je n'écris que pour t'annoncer mon arrivée ; – je pourrai peut-être partir d'ici le 25, je m'y efforcerai tout du moins, mais te le confirmerai d'ici là ; je partirai de toute façon avant le 27, et serai si heureux d'être à nouveau auprès de toi, mon amour ! – Mais la première chose que je ferai sera de te crêper le chignon : comment donc peux-tu croire, oui, seulement même supposer que je t'aie oubliée ? – Comment cela me serait-il possible ? – Pour cette seule pensée, tu recevras dès la première nuit une solide fessée sur ton charmant petit cul fait pour recevoir des baisers, compte là-dessus. *Adieu* * –

à jamais ton
unique ami et époux
qui t'aime de tout cœur
W.A. Mozart

MOZART À SA FEMME À VIENNE

À / Madame / Madame Constance de Mozart / née de Weber / à / Vienne. * / Sur le Hoher Markt / à la Maison Walsegg / chez M. von Puchberg

Berlin, le 23 mai 1789

Très chère, excellente, précieuse petite femme !

J'ai reçu ici avec un plaisir extraordinaire ta chère lettre du 13 ; – mais je ne reçois qu'à l'instant l'avant-dernière, du 9, qui a dû revenir de Leipzig à Berlin. – La première chose à faire est de t'énoncer les lettres que je t'ai écrites, puis celles que j'ai reçues de toi. – Je t'ai écrit

le 8 avril	de la station de poste de Budwitz
le 10 -	de Prague.

le 13	
et le 17	de Dresde.
le 22	(en français) de Leipzig.
le 28	
et le 5 mai	de Potsdam
le 9	
et le 16	de Leipzig.
le 19	de Berlin

et maintenant, le 23. Cela fait donc 11 lettres.

J'ai reçu de toi

celle du 8 avril	le 15 avril	à Dresde	
celle du 13	le 21	à Leipzig	
celle du 24	le 8 mai	à Leipzig	à mon
celle du 5 mai	le 14	à Leipzig	retour
celle du 13	le 20	à Berlin	
et celle du 9	le 22	à Berlin	

donc 6 lettres.

Entre le 13 et le 24 avril, il y a un trou, comme tu le constates, et une de tes lettres s'est sans doute perdue – aussi ai-je dû rester 17 jours sans nouvelles ! – Si toi aussi tu as dû vivre 17 jours de la même façon, c'est qu'une de mes lettres a été perdue ; – Dieu merci, nous aurons bientôt surmonté cette *fatalité* *; – *pendu à ton cou,* je te raconterai dans quel état je me trouvais alors ! – mais – tu connais mon amour pour toi ! – Où crois-tu que j'écris ces lignes ? – à l'auberge dans ma chambre ? – Non, – au jardin zoologique, dans une auberge (une maison de jardin avec une belle vue) où j'ai déjeuné aujourd'hui tout *seul,* pour pouvoir m'occuper de toi toute seule ; – la reine veut m'entendre mardi ; *mais ici, il n'y a pas grand-chose à gagner.* Je me suis fait annoncer parce que c'est l'usage et qu'elle aurait pu le prendre mal. – Ma petite femme chérie, il faudra, à mon retour, que tu te réjouisses plus de me revoir *moi* plutôt que l'*argent* que je rapporte. – 100 *Friedrichs d'or** ne sont pas 900 fl. mais 700 fl. ; – c'est du moins ce qu'on m'a dit ici. – 2t Lichnowsky m'a quitté plus tôt, car il était pressé, et par suite, j'ai dû vivre de ma bourse (dans cette ville si chère de Potsdam) ; – 3^{t} j'ai dû [lui] prêter 100 fl. car sa bourse se vidait – je ne pouvais guère le [lui] refuser, tu sais pourquoi. – 4^{t} l'académie de Leipzig, comme je l'ai toujours dit, a mal marché, et j'ai donc fait, avec le retour, 32 miles pratiquement pour rien ; et là, c'est Lichnowsky le seul coupable car il ne m'a pas laissé en paix, il fallait que je retourne à Leipzig. – Mais – plus à ce sujet de vive voix ; – ici, il n'y a 1^{t} pas grand-chose à attendre d'une académie, et 2^{t} – le roi n'aime pas trop cela. – Il faut donc que, *comme moi,* tu te satisfasses d'*une chose*, à savoir, que je suis bien heureux d'être dans les bonnes grâces du roi ; – ce que je viens de t'écrire reste entre nous. – Jeudi 28, je pars pour Dresde où je passerai la nuit. Le 1er juin, je dormirai à Prague, et le 4 – le 4 ? – *auprès de ma petite femme chérie ;* < prépare bien proprement ton si joli petit nid chéri, car mon petit coquin le mérite, en vérité ; il s'est fort bien conduit et ne souhaite rien plus que de posséder ton ravissant [...]. Imagine le garnement qui, pendant que j'écris cela, se faufile sur la table et me questionne, et moi, franchement, je lui donne une sèche pichenette – mais le gars n'est que [...]. Et maintenant, le chenapan brûle encore plus et ne se laisse presque pas dompter. > J'espère que tu viendras au-devant de moi à la première poste ? – J'y arriverai le 4 à midi; – j'espère que Hofer (que j'embrasse 1000 fois) y sera aussi; – si M. et Mme von Puchberg s'y joignaient également, il y aurait rassemblés tous ceux que je souhaite. Et n'oublie pas Carl. – Maintenant, la chose la plus importante : – il faut que tu amènes une personne de confiance (Satmann ou autre) qui accompagnera mes bagages dans ma voiture à la douane, afin de m'éviter cette *seccatura* inutile pour que je puisse me rendre à la maison avec vous, mes chers amis. – Mais à coup sûr ! –

*Adieu** donc – je t'embrasse des millions de fois et suis à jamais

ton époux très fidèle
W. A. Mozart

De graves abcès variqueux mettent Constanze au supplice. Début août, elle est envoyée en cure à Baden, au sud de Vienne, où les bains d'eaux sulfureuses sont supposés apaiser ses douleurs. Mais la cure est onéreuse et la situation financière de Mozart alarmante. Les Noces de Figaro, *qui n'a plus été joué à Vienne depuis sa création en 1786, est repris à partir du 29 août au Burgtheater où a lieu cinq mois plus tard celle de* Cosi fan tutte. *Quant à la prétendue légèreté de Constanze – ici avec un énigmatique « N.N. » (le nom a été rendu illisible) mais que son mari déplora déjà en d'autres circonstances – la relative indulgence dont sont empreintes ces protestations conjugales laisse penser qu'il devait exister quelque réciprocité dans cette frivolité.*

MOZART À SA FEMME À BADEN PRÈS DE VIENNE

[Vienne, avant la mi-août 1789]

Petite femme chérie ! –

J'ai lu ta chère lettre avec bonheur – et espère que tu auras reçu ma 2e avec la décoction, l'électuaire et les œufs de fourmis. – Demain matin, à 5 heures, je mets les voiles – si ce n'était pour le simple plaisir de te revoir et de te serrer dans mes bras, je ne partirais pas encore, car on va bientôt redonner mon Figaro pour lequel je dois procéder à quelques modifications qui rendent ma présence nécessaire aux répétitions. – Il me faudra donc rentrer pour le 19 – mais rester ici jusqu'au 19 *sans toi* serait impossible ; – petite femme chérie ! – je veux te parler très franchement, – tu n'as absolument aucune raison d'être triste – tu as un mari qui t'aime, qui fait pour toi tout ce qu'il est en mesure de faire – pour ce qui est de ta jambe, tu n'as besoin que de patience, cela ira sûrement mieux ; – je suis heureux lorsque tu es gaie – c'est certain – je souhaiterais seulement que tu ne sois pas aussi légère, parfois – avec N.N., tu es trop libre – – –, de même qu'avec N.N. lorsqu'il était encore à Baden ; – songe que les N.N. ne sont avec aucune femme aussi libres qu'avec toi, même s'ils les connaissent peut-être mieux que toi, et N.N. lui-même, qui est normalement un homme correct et particulièrement respectueux envers les femmes, a été conduit à écrire dans ses lettres les *sottises** les plus abjectes et les plus grossières. – Une femme doit toujours veiller à être respectée – sinon elle est le sujet des conversations des gens. – Ma chérie! – excuse-moi d'être aussi franc, mais ma sérénité l'exige, ainsi que notre bonheur à tous deux – souviens-toi seulement que tu m'as avoué toi-même un jour que tu *cédais trop facilement* – tu en connais les conséquences – souviens-toi aussi de la promesse que tu m'as faite – oh Dieu! – essaie seulement, ma chérie! – sois gaie et joyeuse, aimable avec moi – ne nous tourmente pas, toi et moi, d'une jalousie inutile – aie confiance en mon amour, tu en as bien des témoignages! – et tu verras comme nous serons heureux; sois-en sûre, seule l'attitude réservée d'une femme peut enchaîner l'homme. – *Adieu** – demain, je t'embrasserai de tout cœur.

Mozart

De nouveau sujette à des douleurs variqueuses, Constanze retourne à Baden au début de juin 1790. À la mi-septembre, Mozart gagne Francfort avec son beau-frère, Franz de Paula Hofer, pour assister aux fêtes du couronnement de Léopold II, nouvel empereur du Saint-Empire romain germanique. Sa situation financière ne s'est guère améliorée et les lettres qu'il écrit à sa femme alternent avec de pressantes sollicitations pécuniaires, requises en particulier auprès de Johann Michael Puchberg, ami et frère de loge.

MOZART À SA FEMME À BADEN OU À VIENNE

[Francfort-sur-le-Main, le 30 septembre 1790]

Très chère petite femme de mon cœur!

Si seulement j'avais une lettre de toi, tout me serait égal. – J'espère que tu as reçu ma lettre d'Eferding et celle de Francfort. – Je t'ai dit dans ma dernière lettre de parler au visage de groseille; – pour plus de sécurité, je préférerais avoir 2000 fl. sur endossement de H...; – mais tu dois avancer une autre raison, en disant que j'ai en tête une *spéculation** que tu ignores. – Ma chérie! je gagnerai sans aucun doute quelque chose ici – mais ce n'est certes pas aussi assuré que ce que toi et divers amis vous imaginez. – Je suis ici assez connu et apprécié, c'est certain. – Maintenant – nous verrons. – De toute façon, j'aime jouer à coup sûr et c'est la raison pour laquelle j'aimerais conclure l'affaire avec H... Car ainsi, j'obtiens de l'argent sans avoir à payer. Uniquement travailler, et cela, je le fais volontiers pour l'amour de ma petite femme. – Si tu m'écris, adresse toujours ta lettre *Poste restante**. – Où crois-tu que j'habite? – Chez Boehm, dans sa maison; Hofer aussi. – Nous payons 30 fl. par mois, et c'est extraordinairement peu. – Nous prenons également pension chez eux. Qui crois-tu que j'aie rencontré ici? – la fille qui jouait si souvent à cache-cache à l'Œil de Dieu – je crois qu'elle s'appelait Buchner. – Elle se nomme maintenant *Mad*[me]* Porsch et est mariée pour la deuxième fois. Elle m'a demandé de te transmettre de bonnes choses de sa part.

Comme je ne sais pas si tu es à Vienne ou à Baden, j'adresse à nouveau cette lettre à la Hofer. – Je me réjouis comme un enfant de te retrouver – si les gens pouvaient voir dans mon cœur, je devrais presque avoir honte. – Tout me semble froid – glacé – oui, si seulement tu étais près de moi, je trouverais peut-être plus de plaisir à l'attitude des gens à mon égard – mais ainsi, tout est si vide – *adieu* * – chérie – je suis à jamais

Francfort-sur-le-Main ton Mozart
le 30 sept. 1790 qui t'aime de toute son âme

MOZART À SA FEMME À VIENNE

[Francfort-sur-le-Main, le 8 octobre 1790]

Très chère, excellente petite femme!

J'ai maintenant 3 lettres de toi, ma chérie. – Je reçois à l'instant celle du 28 septembre. – Je n'ai pas encore eu celle envoyée à M. von Alt, mais vais me renseigner immédiatement auprès de Le Noble. – De ton côté, tu dois avoir maintenant 4 lettres en main. Celle-ci est la 5e. Il ne faut plus m'écrire, maintenant, car lorsque tu liras la présente, je ne serai sans doute plus ici puisque je pense donner mon académie mercredi ou jeudi, et vendredi – tschiri tschitschi – le mieux sera de prendre immédiatement la fuite. – Petite femme chérie! j'espère que tu te seras souciée de ce que je t'ai écrit – et t'en occupes encore; – je ne gagnerai sûrement pas assez ici pour être en mesure de payer dès mon retour

800 ou 1 000 fl. – mais si l'affaire avec Hoffmeister est au moins engagée au point que seule *ma présence* manque, je toucherai tout de suite sur 2000 (moins les intérêts *gros* à 20 p. cent) – 1600 fl. de la main à la main. – Je peux alors payer 1 000 fl. - - il me reste encore 600 fl. – Pour l'avent, je commencerai de toute façon à donner de petites *musiques* de quatuors en souscription – je prendrai aussi des élèves – je ne suis pas obligé de payer la *Summa* puisque j'*écris* pour *H.* – donc tout rentre dans l'ordre. – Je t'en prie, réalise seulement pour moi l'affaire avec H. – si, tu veux que je revienne. – Si seulement tu pouvais voir dans mon cœur – il s'y déroule un combat entre le souhait, le désir de te revoir et de t'embrasser, et l'envie de ramener beaucoup d'argent à la maison. – J'ai souvent eu l'idée de *continuer* à voyager encore – mais lorsque je me forçais à prendre cette décision, il me revenait à l'esprit combien je regretterais de m'être si longtemps séparé de mon épouse pour une issue aussi *incertaine* et peut-être même *infructueuse* – j'ai l'impression d'être éloigné de toi depuis des années. –

Crois-moi, ma chérie – si tu étais avec moi, je m'y résoudrais peut-être plus facilement – mais – je suis trop habitué à être avec toi – et je t'aime trop pour pouvoir rester séparé de toi trop longtemps – et puis, ce qu'on fait dans les villes de l'Empire n'est qu'ostentation ! – Je suis certes célèbre, admiré et aimé, ici ; mais les gens sont encore plus pingres qu'à Vienne. – Si l'académie marche assez bien, je le dois à mon *nom,* – à la comtesse Hatzfeld et à la famille Schweitzer qui s'*intéresse** fortement à moi. – Mais, je serai heureux lorsque ce sera fini. – Si je travaille assidûment à Vienne et prends des élèves, nous pouvons vivre dans le bonheur ; et rien ne peut m'écarter de ce plan, sinon un *bon engagement* à une *cour* quelconque. – Essaie seulement de *mener à bien* l'affaire avec *Hoffmeister* grâce à *visage de groseille* et *autres,* et de *faire mieux connaître* ma décision de prendre des élèves ; nous ne manquerons alors de rien. *Adieu** – ma chérie – tu recevras encore des lettres de moi, mais je ne pourrai malheureusement plus en recevoir. – Aime toujours ton

Mozart

Francfort-sur-le-Main le 8 octobre 1790
Demain a lieu le couronnement. –
Fais attention à ta santé. – Et prends garde en *marchant.* – *Adieu**.

MOZART À SA FEMME À VIENNE

[Francfort-sur-le-Main, le 15 octobre 1790]

Petite femme chérie de mon cœur ! –

Je n'ai pas encore de réponse à mes lettres de Francfort, ce qui ne m'inquiète pas peu. – Aujourd'hui à 11 heures a eu lieu mon académie, qui a été magnifique en ce qui concerne les honneurs, mais maigre pour ce qui est du bénéfice. – Par malheur, il y avait un grand *Déjeuner** chez le prince et grandes manœuvres des troupes de Hesse, – mais chaque jour de ma présence ici, il y a eu de tels empêchements. Ceux-là – tu ne peux pas les imaginer – mais malgré tout, j'étais de si bonne humeur et ai tant plu qu'on m'a imploré de donner encore une académie dimanche prochain. – Je pars donc lundi. – – Je dois clore car sinon, je manque la poste. – Je constate d'après tes lettres que tu n'as pas encore reçu de lettre de Francfort et je t'en ai pourtant écrit 4. – Je crois aussi comprendre que tu doutes de ma ponctualité, ou plutôt de mon ardeur à t'écrire, ce qui me blesse. Tu devrais mieux me connaître – oh Dieu, aime-moi seulement moitié moins que moi je t'aime, et je suis satisfait.

À jamais ton

Francfort-sur-le-Main le 15 octobre 1790 Mozart

Le couronnement a eu lieu le 9 octobre, le 12, on joue L'Enlèvement au sérail, *puis, trois jours plus tard, des concertos pour piano. Mozart rejoint Mayence par bateau où il donne un concert devant le prince électeur Friedrich Karl Joseph von Erthal et le vice-chancelier impérial.*

MOZART À SA FEMME À VIENNE

de Mayence /À / Madame / Madame Costance de Mozart / née de Weber / à / Vienne / En autriche *

[Mayence, le 17 octobre 1790]

P.S. : En écrivant ce qui précède, quelques larmes sont tombées sur le papier. Mais maintenant, soyons gai. – Attrape – un nombre incroyable de baisers volent. –

Diable – j'en vois aussi un bon nombre – ha ha – j'en ai attrapé 3. – Ils sont délicieux! –

Tu peux encore répondre à cette lettre. Mais tu dois rédiger l'*adresse** à Linz, *poste restante**. – C'est le plus sûr – car je ne sais pas encore avec certitude si je passe par Ratisbonne ou non, et ne peux encore rien décider. – Écris seulement qu'on garde la lettre jusqu'à ce que quelqu'un vienne la chercher. *Adieu**. – Excellente petite femme chérie! – Fais attention à ta santé – et ne sors pas à pied en ville. – Dis-moi encore si tu es heureuse du nouveau *quartier**. – *Adieu**. Je t'embrasse des millions de fois.

Constanze est enceinte de son sixième et dernier enfant. Au septième mois de grossesse, elle se rend en cure à Baden, tandis que Mozart travaille à la composition de La Flûte enchantée, *créé dans un théâtre des faubourgs de Vienne le 30 septembre. Outre les facéties qui s'y déploient, cette lettre est également remarquable par ce qu'elle montre de la réciproque maîtrise du français des deux correspondants, même si l'orthographe de Mozart est parfois incertaine. Il est par ailleurs amusant d'observer dans les deux parties de cette missive le passage du vouvoiement en français au tutoiement en allemand.*

MOZART À SA FEMME À BADEN PRÈS DE VIENNE

[Vienne, le 6 juin 1791]

Ma très chère Épouse*!

J'écris cette lettre dans la petite Chambre au Jardin chez Leutgeb ou j'ai couché cette Nuit excellemment – et J'espère que ma chere Épouse aura passée cette Nuit aussi bien que moi, j'y passerai cette Nuit aussi, puisque J'ai congedié Leonore, et je serais tout seul à la maison, ce qui n'est pas agreable, –

j'attends avec beaucoup d'impatience une lettre qui m'apprendra comme vous avés passée le Jour d'hier; – je tremble quand je pense au baigne du st : Antoin, car je crains toujours le risque de tomber sur l'escalier, en sortant – et je me trouve entre l'esperance et la Crainte – une Situation bien desagreable! – si vous n'etiés pas grosse J'en craignerais moins – mais abbandonons cette Jdée triste! -- le Ciel aura eu certainement soin de ma Chere stanzi – Marini. –

Mad^{me} de Schwingenschuch m'a priée de leur procurer une Loge pour ce soir au theatre de Wieden ou l'on donnera, la cinquième partie d'Antoin et j'etais si heureux de pouvoir les servir; j'aurai donc le plaisir de voir cet Opera dans leur Compagnie*.[1]

Je reçois à l'instant ta chère lettre et constate avec plaisir que tu vas bien – *Mad** Leutgeb m'a noué aujourd'hui le jabot, mais comment? – mon Dieu! – j'ai bien sûr toujours protesté, *elle le fait comme cela!* – Mais ça ne servit à rien. – Je suis heureux que tu aies bon *appétit** – mais qui mange beaucoup doit aussi beaucoup ch[...] – Non, je voulais dire beaucoup aller. – Mais je

1. La première partie de cette lettre a été écrite en français.

ne voudrais pas que tu fasses de *grandes promenades* sans moi. – Suis bien tous mes conseils, ils viennent vraiment du cœur. *Adieu** – ma chérie, mon unique! – attrape-toi aussi en l'air -- 2999 de mes baisers et un 1/2 volent vers toi, et attendent d'être saisis. – Maintenant, je te dis quelque chose à l'oreille ----- et toi à la mienne. --- Maintenant, nous ouvrons et fermons le bec --- de plus en plus – et plus -- finalement, nous disons : – c'est à cause de Plumpi – Stumpi -- tu peux interpréter cela comme tu veux. – C'est justement la *commodité**. – *Adieu** – 1 000 tendres baisers, à jamais ton

Le 6 juin 1791 Mozart

MOZART À SA FEMME
À BADEN PRÈS DE VIENNE

Baden, le 7 juin 1791
NB Puisque tu as écrit Vienne,
il faut bien que j'arrive à Baden !

Très chère, excellente petite femme ! –

J'ai lu ta dernière lettre du 6 avec un plaisir indescriptible et constaté que tu vas bien et es en bonne forme – il est plus prudent que tu interrompes la cure. Oh Dieu ! comme j'aurais été heureux que tu viennes me voir avec les Windburg ! – J'ai eu assez de mal à me contrôler pour ne pas te dire de venir – mais j'ai reculé devant les frais. Mais de cette manière, cela aurait été *charmant**. Demain matin à 5 heures, nous partons à 3 voitures pleines. – J'espère donc être entre 9 et 10 heures entre tes bras et jouir de tout le plaisir que peut ressentir un homme qui aime sa femme comme moi ! Dommage seulement que je ne puisse emmener ni le piano ni l'oiseau ! – C'est pourquoi j'aurais préféré venir seul, mais je ne peux plus me dédire de manière convenable.

Hier, j'ai déjeuné avec Süssmayr à la Couronne de Hongrie parce que j'avais encore à faire en ville à une heure, – que S… doit déjeuner de bonne heure et que la S… qui aurait bien voulu m'inviter un jour à déjeuner, était déjà *engagée** à Schönbrunn. – Aujourd'hui, tu sais déjà que je déjeune chez Schikaneder puisque tu y étais également invitée.

Je n'ai pas encore reçu ta lettre de la Duschek – mais je vais me renseigner. – Je ne peux rien savoir au sujet de ta robe puisque je n'ai pas vu les Wildburg ces derniers temps. – J'apporterai sans faute le chapeau si ce n'est pas possible autrement. – Adieu, trésorette – je ne peux te dire avec quelle impatience j'attends demain !

À jamais ton
Mozart

Le lecteur a déjà rencontré ce Franz Xaver Süssmayr, chanteur, violoniste et organiste, qui achèvera le légendaire Requiem *après la mort de Mozart.*

MOZART À SA FEMME À BADEN PRÈS DE VIENNE

[Vienne, le 11 juin 1791]

Ma très chère Épouse*! –

Criés avec moi contre mon mauvais sort! – Mad^elle^ Kirchgessner ne donne pas son Academie Lundi! – par consequent j'aurais pu vous posseder, ma chère, tout ce jour de Dimanche – mercredi je viendrai sûrement* [1] –

Je dois me dépêcher car il est déjà 7 heures moins le quart – et la voiture part à 7 heures – – Fais attention au bain, prends garde de ne pas tomber, et ne reste jamais seule – à ta place, je ferais une interruption d'une journée pour ne pas prendre la chose trop brutalement. J'espère que quelqu'un a dormi auprès de toi cette nuit. – Je ne peux te dire ce que je donnerais pour être à Baden avec toi au lieu de rester ici. – Par pur ennui, j'ai composé aujourd'hui un air pour l'opéra – je me suis levé dès 4 heures et demie. – Miracle, j'ai réussi à ouvrir ma montre ; – mais – comme je n'avais pas de clé, je n'ai pas pu la remonter, n'est-ce pas triste ? – Schlumbla! – Voici encore un mot pour réfléchir. Par contre, j'ai remonté la *grande pendule. – Adieu** chérie! Aujourd'hui, je déjeune chez Puchberg – je t'embrasse 1 000 fois et dis, en pensée avec toi, la mort et le désespoir étaient son salaire! –

Ton mari qui t'aime à jamais
W.A. Mozart

1. Le début de cette lettre a été écrit en français.

Que Carl se tienne bien,
embrasse-le pour moi.

(Prends de l'électuaire si tu es constipée, mais seulement dans ce cas.)

(Fais attention à toi le matin et le soir, lorsqu'il fait frais.)

MOZART À SA FEMME À BADEN PRÈS DE VIENNE

[Vienne, le ? juin 1791]

*Ma très chere Épouse**! –

[…] vient de partir pour Baden; – il est maintenant 9 heures du soir et je me trouve chez lui depuis 3 heures de l'après-midi. – Je crois maintenant qu'il tiendra parole. Il m'a promis de te rendre visite et je te prie de bien l'aiguillonner! – Mais je te prie aussi de ne pas aller, surtout, au casino; 1° c'est cette *compagnie** – tu *me comprends bien* – et puis – tu ne pourrais de toute façon pas danser; et regarder? – c'est mieux quand ton petit mari sera là. – Je dois clore parce que je dois encore aller chez Montecuculi – j'ai simplement voulu te rendre compte rapidement de cela. La vraie lettre te parviendra demain. *Adieu** – fais ce que je t'ai dit à propos des *bains,* aime-moi comme je t'aime et t'aimerai toujours. – À jamais ton

Mozart

Salue de ma part ton
bouffon de cour ; –

Le « bouffon de cour » pourrait être Franz Xaver Süssmayr, mais ce n'est qu'une conjecture. De même, lier à des dettes de jeu l'insistance de Mozart à dissuader sa femme de fréquenter le casino pour qu'elle ne risque pas d'y croiser cette « compagnie », autrement dit ses créanciers, n'est encore que supposition.

MOZART À SA FEMME
À BADEN PRÈS DE VIENNE

[Vienne, le 25 juin 1791]

Très chère, excellente petite femme !

Je ne t'écris que très peu et en hâte, car je veux faire une surprise à Leutgeb et vais le voir pour le petit déjeuner – il est maintenant 5 heures et demie. – Après le repas, je t'écrirai plus longuement. J'espère d'ici là lire également de tes nouvelles. – *Adieu* * – j'ai simplement voulu te dire bonjour – fais attention à toi – surtout aux bains – si tu te sens un tant soit peu affaiblie, arrête tout de suite – *adieu** – 2000 baisers

Mozart

Mes compliments à Snai, plein le cul – qu'il tourmente bien N.N.

MOZART À SA FEMME
À BADEN PRÈS DE VIENNE

à / Madame / Madame Costance de Mozart / à / Baden. / à remettre* chez M. le Syndic

[Vienne, le 25 juin 1791]

Ma très chère Épouse! –*

Je reçois à l'instant ta lettre qui m'a procuré un plaisir extraordinaire. – J'en attends maintenant avec impatience une seconde m'apprenant comment le bain te réussit; – je regrette aussi de ne pas avoir assisté à votre belle *musique**, non pas à cause de la *musique**, mais parce que j'aurais eu le bonheur d'être près de toi. – Aujourd'hui, j'ai fait une surprise à [Leutgeb]. – Je me suis tout d'abord rendu chez les Rechberg – et la femme a envoyé une de ses filles lui annoncer qu'un bon vieil ami de Rome était là – qui s'était enquis de lui dans toutes les maisons sans pouvoir le trouver! – il la renvoya pour dire que j'attende un petit peu. Entre-temps, le pauvre nigaud mit son plus beau costume, comme pour un *dimanche,* et se coiffa magnifiquement – tu peux imaginer comme nous avons ri de lui. – Il faut toujours que j'aie un bouffon – si ce n'est pas c'est [...], c'est [...]. *Snai.* – Où j'ai dormi? – à la maison, bien sûr – j'ai fort bien dormi, mais les souris m'ont longuement tenu compagnie – j'ai fort bien *discouru** avec elles. – Avant cinq heures, j'étais debout. – *À propos**. Je te conseille de ne pas aller à la messe, demain – ces paysans me semblent trop grossiers ; – bien sûr, tu as un *compagnon** grossier – mais les paysans n'ont pas de *respect** pour lui, *perdunt respectum,* parce qu'ils voient bien tout de suite que c'est un minable. *Snai !* –

Je répondrai de vive voix à Süssmayr – c'est trop dommage d'user du papier pour cela. –

Fais dire à Krügel, ou Kligel, que tu réclames une meilleure nourriture – si tu peux lui parler directement, en passant, c'est encore mieux ; – c'est normalement un honnête homme qui me tient en haute estime. –

Demain, je suivrai la procession dans la Josephstadt, un cierge à la main ! – *Snai !* –

N'oublie pas mes conseils au sujet de l'air du matin et du soir – ni au sujet des bains prolongés, etc., etc., – et fais mes compliments au comte et à la comtesse Wagensperg. – *Adieu**. – Je t'embrasse 1 000 fois en pensée et suis à jamais ton

Vienne, le 25 juin
1791.
Mozart

Mozart a l'esprit farceur, ce Leutgeb en fait les frais, tout comme Franz Xaver Süssmayr qui tient compagnie à Constanze dans son séjour thermal. Joseph Leutgeb était un corniste de qualité, c'était aussi un vieil ami de Mozart qui écrivit pour lui quantité d'œuvres, par exemple, le Concerto pour cor en mi bémol majeur *(K.417), ainsi dédicacé : « Wolfgang Amadé Mozart a eu pitié de l'âne, bœuf et bouffon Leutgeb, à Vienne le 27 mai 1783. »*

MOZART À SA FEMME
À BADEN PRÈS DE VIENNE

[Vienne, le 5 juillet 1791]

Très chère, excellente petite femme !

Voici 25 fl. – règle ton compte aux bains. – Lorsque je viendrai, nous paierons le reste. Que Süssmayr m'envoie les nos, 4 et 5 de mon manuscrit – ainsi que ce que j'ai déjà demandé, et qu'il me lèche le cul. – Je dois me dépêcher d'aller chez Wetzlar, sinon je ne le rencontrerai pas. – Adieu *. – Je t'embrasse 1 000 fois et suis à jamais ton

Vienne le 5 Juillet 1791 Mozart

P.S. N'as-tu pas ri en recevant 3 fl. ? – J'ai pensé que c'était mieux que rien ! – Amuse-toi bien, trésorette. Et sois à jamais ma Stanzi Marini.

MOZART À SA FEMME
À BADEN PRÈS DE VIENNE

*À / Madame / Madame Costance de Mozart / à / Baaden * / à remettre* chez M. le Syndic

[Vienne, le 6 juillet 1791]

Très chère, excellente petite femme ! –

J'ai lu avec un plaisir indescriptible la nouvelle que tu as bien reçu l'argent ; – je ne peux pas me rappeler t'avoir écrit de *tout* régler ! Comment moi, créature sensée, pourrais-je écrire une telle chose ? – s'il en est ainsi

– c'est que j'étais perdu dans mes pensées ! – ce qui est bien possible avec tout ce que j'ai actuellement en tête. – Je pensais *simplement* aux *bains.* – Le reste est pour ton usage personnel - - et ce qu'il faudra encore payer, dont j'ai déjà fait le compte, je le réglerai à mon arrivée. – À l'instant même, Blanchard va soit *monter dans les airs* – soit duper les Viennois pour la 3e fois ! –

L'histoire de Blanchard ne m'arrange guère aujourd'hui – elle m'empêche de mener mon affaire à son terme – N.N. m'a promis de venir me voir avant de s'y rendre – mais il n'est pas venu – peut-être me rendra-t-il visite lorsque la plaisanterie sera finie – j'attends jusqu'à 2 heures – puis je mangerai un petit quelque chose – et le chercherai partout. – C'est une vie bien désagréable. – Patience ! cela finira par aller mieux – et je me reposerai alors dans tes bras ! –

Merci pour ton conseil de ne pas me fier à N.N. – Mais dans ces circonstances, il ne *faut* avoir affaire qu'à *une seule personne.* – Si on s'adresse à 2 ou 3 – et que l'affaire aboutit partout – on passe pour un fou ou une personne peu sérieuse auprès des autres, chez qui on ne peut conclure.

– Maintenant, tu ne peux me faire un plus grand plaisir qu'en étant joyeuse et gaie – car si je sais *avec certitude* que *tu* ne manques de rien – tous mes efforts me semblent agréables et plaisants ; – la situation la plus *fatale** et compliquée dans laquelle je peux me trouver n'est qu'une bagatelle si je sais que tu es en *bonne santé* et *gaie.* – Alors, porte-toi bien – utilise ton bouffon de table – pensez à moi et parlez souvent de moi – aime-moi à jamais comme je t'aime, et sois toujours ma Stanzi Marini comme je serai toujours ton

Str! – Knaller baller –
schnip – schnap – schnur –
Schnepeperl.
Snai!

Donne à N.N. une gifle et dis
que tu voulais tuer une mouche que
javais vue! – adieu*.
Attrape – attrape – – bi – bi – bi
3 baisers, tout sucrés, prennent leur envol! –
Mercredi. Vienne le 6 juillet 791.

« L'histoire de Blanchard », cette « plaisanterie », fait référence à la montgolfière de Jean-Pierre Blanchard. Ce dernier, après deux tentatives malheureuses, était, ce jour-là, parvenu à faire parcourir à son engin une quinzaine de kilomètres dans les cieux viennois.

Au cours du mois de juillet 1791, Mozart reçoit la visite d'un mystérieux émissaire du comte Franz Walsegg-Stuppach, aristocrate et maçon, qui lui commande un Requiem pour le premier anniversaire de la mort de sa femme. Envisageant de produire l'œuvre sous son propre nom, le comte enveloppe sa démarche d'un secret qui aurait précipité Mozart dans une sorte d'oppression morbide, que l'on tient parfois pour l'une des causes de sa foudroyante disparition. Il s'y attelle tout en poursuivant la composition de La Flûte enchantée, *mais meurt avant d'avoir pu le terminer.*

MOZART À SA FEMME À BADEN PRÈS DE VIENNE

[Vienne, le 7 juillet 1791]

Très chère, excellente petite femme! –

Tu me pardonneras bien de ne t'envoyer maintenant *qu'une seule* lettre. C'est qu'il me faut attraper N.N. et que je ne dois pas le laisser *échapper** – je suis chez lui chaque jour dès 7 heures.

J'espère que tu auras bien reçu ma lettre d'hier – je ne suis pas allé voir le ballon car je peux me l'imaginer *ainsi.* De plus, je croyais que – cette fois comme les autres – cela ne donnerait rien – mais maintenant, on jubile chez les Viennois! – autant ils l'ont vilipendé jusqu'à présent, autant ils le louent désormais. –

Il y a dans ta dernière lettre quelque chose que je ne peux pas lire et quelque chose que je ne comprends pas – tu dis : « Aujourd'hui, mon… petit mari sera au Prater avec la grande *Com* : », etc., etc. – Je ne peux déchiffrer le qualificatif de petit mari – et suppose que *Com* : signifie *Compagnie** – mais j'ignore qui tu entends par *grande compagnie**.

Dis à Sauermayr que je n'ai pas le temps de courir sans cesse chez son cher Primus – et chaque fois que j'y suis allé, il n'était pas chez lui – donne-lui donc les *3 florins** pour qu'il cesse de pleurer. –

Je ne souhaite, maintenant, rien plus que de régler mes affaires pour pouvoir être à nouveau auprès de toi; tu ne peux imaginer combien tout ce temps m'a paru long, loin de toi! – je ne peux t'expliquer mes sentiments, c'est un certain vide – qui me fait bien mal – une certaine langueur jamais satisfaite et qui, par suite, ne s'apaise jamais – qui perdure sans cesse et croît même de jour en jour ; – quand je pense combien nous étions gais et puérils ensemble, à Baden, – et quelles tristes et ennuyeuses heures je vis ici – même mon travail ne me charme plus, car j'étais habitué à m'arrêter de temps en temps pour échanger quelques mots avec toi, et ce plaisir est maintenant impossible – si je me mets au piano et chante quelque chose de l'opéra, je dois tout de suite m'arrêter – cela m'émeut trop. – *Basta!* – dans l'heure où mon affaire est conclue, je pars sur-le-champ. – Je n'ai rien de neuf à écrire. L'illumination à Baden était sans doute un peu prématurée! – car la véritable nouvelle est juste le contraire. Je vais demander au pharmacien de la cour, peut-être pourront-ils me procurer de l'électuaire – alors, je te l'enverrai immédiatement; entre-temps (si c'était nécessaire), je conseillerais plutôt du *tartre* que de *l'eau carminative.* – *Adjeu**, petite femme chérie

Vienne le 7 juillet 1791 à jamais ton Mozart.

Sauermayr est un jeu de mots sur le nom de Süssmayr : süss, signifie doux, qu'il substitue à sauer, acide qui peut aussi s'entendre par amer. Peut-être Mozart avait-il mécontenté Süssmayr en refusant de lui rendre un service...

MOZART À SA FEMME À BADEN PRÈS DE VIENNE

Vendredi à 10 heures et demie du soir.

[Vienne, les 7 et 8 octobre 1791]

Très chère, excellente petite femme! –

Je reviens à l'instant de l'opéra; – il était plein comme toujours. – Le duo *Mann* und *Weib*, etc., et le glockenspiel du premier acte ont été bissés comme d'habitude. – De même que le trio des jeunes garçons, au 2e acte – mais ce qui me fait le plus plaisir, c'est le *succès silencieux!* – On sent bien que la cote de cet opéra ne cesse de monter. Voici maintenant mon emploi du temps; – tout de suite après ton départ, J'ai fait 2 *parties** de *billard** avec M. Mozart (celui qui a écrit l'opéra chez Schikaneder). – Puis j'ai vendu mon canasson pour 14 ducats. – Ensuite, j'ai demandé à Joseph d'appeler *Primus* pour qu'il aille me chercher du café que j'ai bu en fumant une merveilleuse pipe de tabac; puis j'ai instrumenté tout le *Rondò* de Stadler; – les Duschek vont tous bien; – il me semble qu'elle n'a pas reçu de lettre de toi – et pourtant, j'ai du mal à le croire! – suffit – ils sont déjà tous au courant du magnifique accueil réservé à mon opéra. –

Le plus curieux dans tout cela, c'est que le soir où mon nouvel opéra a été donné pour la première fois avec tant de succès, ce même soir, on interprétait pour la dernière fois à Prague le Titus, avec un égal succès extraordinaire. – Tous les morceaux ont été *applaudis**. – Bedini a chanté mieux que jamais. – Le petit duo *en la* des 2 jeunes filles a été bissé – et on aurait volontiers *répété** également le *Rondò* – si on n'avait pas voulu ménager la Marchetti. – *Stodla* (ô miracle bohémien! – écrit-il) a recueilli les bravos du *Parterre** et même de l'*orchestre**. Il ajoute, mais j'ai mis toute mon application; – il dit encore *(Stodla)* qu'il [...], et qu'il réalise maintenant qu'il est un âne – [...] bien sûr, pas Stodla -- lui, n'est qu'un petit peu un âne, pas beaucoup – mais [...] – oui, lui, c'est un véritable âne. –

À 5 heures et demie, je suis sorti par la Stubentor – et ai fait ma promenade favorite jusqu'au théâtre en passant par le Glacis. – Et que vis-je? – qu'humai-je? -- Don Primus avec ses *carbonades***! – che gusto!* – maintenant, je mange à ta santé – il sonne tout juste 11 heures; – peut-être dors-tu déjà? – chut! chut! chut! – je ne veux pas te réveiller! –

Dimanche 8. – J'aurais voulu que tu me voies dîner hier soir! – Je n'ai pas trouvé notre vieille vaisselle, j'ai donc pris la blanche avec les perce-neige – et ai posé le chandelier à deux branches avec des bougies devant Moi! – D'après la lettre de [...], il semble que les Italiens sont déjà passés ici – et la Duschek a sûrement *une* lettre de toi, car il écrit : l'*affection** a été très heureuse du post-scriptum de Mathies, elle a dit : l'*ANE* – ou ANE, me plaît tel qu'il est. – Pousse [...] pour qu'il écrive pour [...], car ce dernier m'en a prié avec insistance. – Tu seras maintenant en plein bain, alors que j'écris ceci. – Le coiffeur est venu à 6 heures précises, et Primus a fait du feu dès 5 heures et demie, puis il m'a réveillé à 6 heures moins le 1/4. – Pourquoi faut-il qu'il pleuve juste maintenant ? – j'espérais que tu aurais beau temps ! – Couvre-toi chaudement pour ne pas t'enrhumer ; j'espère que le bain te permettra de passer un bon hiver – car seul le souhait de te garder en bonne santé m'a fait te pousser à aller à Baden. – Je m'ennuie déjà de toi – je l'avais prévu. – Si je n'avais rien à faire, je partirais tout de suite te rejoindre pour 8 jours ; – mais *là-bas*, je n'ai aucune *commodité* pour travailler ; – et j'aimerais bien, autant que possible, éviter tout *embarras* ; rien n'est plus agréable que lorsqu'on peut vivre un peu tranquille ; c'est pourquoi il faut bien travailler, et je le fais volontiers. –

Donne en mon nom quelques bonnes paires de gifles à [...] et demande à [...] (que j'embrasse 1 000 fois) de lui en administrer quelques-unes aussi – au nom de Dieu, qu'il n'en manque pas ! – je ne voudrais pour rien au monde qu'il puisse me reprocher, aujourd'hui ou demain, que vous ne l'avez pas bien servi et soigné -- donnez-lui plutôt trop de coups que pas assez. –

Il serait bon que vous lui pinciez le nez avec une écrevisse, que vous lui arrachiez un œil ou lui asséniez quelque blessure visible, afin que le bonhomme ne puisse nier avoir reçu quelque chose de votre part ; *adieu* *, chère petite femme ! – la voiture s'en va. – J'espère recevoir à coup sûr une lettre de toi aujourd'hui, et dans ce doux espoir, je t'embrasse 1 000 fois et suis à jamais ton

époux qui t'aime
WA. mozart

C'est bien sûr à La Flûte enchantée, *créé le 30 septembre à Vienne, que Mozart fait référence. Le succès pragois concerne un autre opéra,* La Clémence de Titus, *également composé en 1791 et créé le 6 septembre au Théâtre des Etats de Bohême, à l'occasion du couronnement de Léopold II.*

La lettre suivante est la dernière que Mozart adresse à sa femme. C'est aussi sans doute la dernière de toutes celles qu'il écrivit. Un mois plus tard, le 17 novembre, il fait jouer son ultime composition – le Requiem *étant achevé, on l'a vu, par une autre main que la sienne –,* Petite Cantate maçonnique, *pour l'inauguration du nouveau temple de la loge «À l'Espérance nouvellement couronnée».*

Saisi de fièvre, il s'alite le 20 et ne se relève plus jusqu'à la nuit de sa mort, le 5 décembre 1791.

MOZART À SA FEMME À BADEN PRÈS DE VIENNE

[Vienne, le 14 octobre 1791]

Très chère, excellente petite femme

Hier, jeudi 13, Hofer m'a accompagné voir Carl. Nous y avons déjeuné, puis nous sommes rentrés en ville; à 6 heures, je suis passé en voiture prendre Salieri et la Cavalieri, et les ai accompagnés à la loge – puis je suis allé rapidement chercher maman et Carl que j'avais entre-temps laissés chez Hofer. Tu ne peux imaginer combien tous deux ont été aimables, – comme non seulement la musique, mais également le livret et tout l'ensemble leur ont plu. – Ils disent tous deux que c'est un *opéra* – digne d'être interprété pour les plus grandes festivités devant le plus grand des monarques, – qu'ils le reverront certainement très souvent car ils n'ont encore jamais assisté à plus beau et plus agréable *spectacle* *. – Lui écouta et regarda avec la plus grande attention, et de la *Sinfonie* jusqu'au dernier chœur, il n'est pas un morceau qui ne lui ait tiré un *bravo* ou un *bello;* quant à elle, elle n'en finissait pas de me remercier pour cette amabilité et dit qu'ils avaient bien eu l'idée de venir hier à l'opéra. Mais ils auraient dû prendre place dès 4 heures – alors que là, ils le voyaient et l'écoutaient tranquillement. – Après le spectacle, je les ai fait reconduire et ai soupé avec Carl chez Hofer. – Puis je suis revenu à la maison avec lui et nous avons tous deux merveilleusement dormi. Ce n'est pas un petit plaisir que j'ai fait à Cari en l'emmenant à l'opéra. – Il a une mine magnifique – pour ce qui est de la santé, on ne pourrait trouver meilleur endroit, mais le reste est malheureusement misérable ! – Ils peuvent certes proposer au monde une éducation de bon paysan ! – mais suffit, et comme les études sérieuses (que Dieu nous protège) ne commencent que lundi, j'ai demandé qu'on laisse sortir Carl jusqu'à dimanche après le dîner ; j'ai dit que tu aimerais le voir. – Demain, dimanche, je viens te voir avec lui – tu peux alors le garder avec toi, sinon, je le reconduis dimanche après le dîner chez Heeger ; – réfléchis, en un mois, on ne peut rien gâcher, à mon avis ! – Entre-temps, on peut régler l'affaire avec les piaristes et l'on y travaille vraiment. – Par ailleurs, il n'est pas pire qu'il n'était, mais ne s'est pas amélioré non plus d'un cheveu. Il a toujours les mêmes mauvaises manières, il rechigne volontiers comme toujours, et étudie presque *moins volontiers* encore, car là-bas, à ce qu'il m'a avoué lui-même, il ne fait que traîner dans le jardin pendant 5 heures le matin et 5 heures après le déjeuner ; en un mot, les enfants ne font que manger, boire, dormir et se promener ; Leutgeb et Hofer viennent de me rendre visite ; – le premier reste déjeuner avec moi, je viens d'envoyer mon fidèle camarade Primus chercher quelque chose pour le déjeuner à l'hôpital des Bourgeois ; – je suis très content de ce bonhomme, il ne m'a laissé tomber qu'une seule fois et j'ai été obligé d'aller passer la nuit chez Hofer, ce qui m'a fort ennuyé car ils dorment trop longtemps à mon goût. Je préfère être à la maison où je suis habitué à mon emploi du temps, et cette unique fois m'a mis de fort mauvaise humeur. Hier, j'ai perdu ma journée à cause du voyage à Perchtoldsdorf, c'est pourquoi je n'ai pu t'écrire. – Mais que tu ne m'aies pas écrit, toi, pendant 2 jours, c'est impardonnable. J'espère recevoir à coup sûr de tes nouvelles aujourd'hui. Et te parler demain, et t'embrasser de tout cœur.

Porte-toi bien, à jamais ton

le 14 8bre 791. Mozart

J'embrasse Sophie mille fois, fais ce que tu veux avec N.N.

Adieu *.

TABLE

Cet ouvrage a été imprimé par la
SOCIÉTÉ NOUVELLE FIRMIN-DIDOT
Mesnil-sur-l'Estrée
pour le compte des Éditions Flammarion
en octobre 2004

Imprimé en France
Dépôt légal : novembre 2004
N° d'édition : FF 8788/01 - N° d'impression : 70590